Ernest-Marie Laperrousaz

LES TEMPLES DE JÉRUSALEM

 PARIS MÉDITERRANÉE

REMERCIEMENTS

Je tiens à remercier, ici, mon collègue et ami Michel Jarraud, grâce à qui le manuscrit de cet ouvrage a été présenté d'une manière moderne.

Ma gratitude va, également, à la constante courtoisie de mes collègues auteurs et de leurs éditeurs dont des planches illustrent cet ouvrage, en particulier à l'École biblique et archéologique française de Jérusalem et aux éditions Gabalda grâce à l'amicale bienveillance desquelles les «Planches» numéros 1, 101, 102, 103, 104, 106, 115, 128, 147 et 148 de la *Jérusalem de l'Ancien Testament* des Révérends Pères dominicains L.-H. Vincent et A.-M. Stève (ouvrage paru aux éditions J. Gabalda et Cie, à Paris, en 1954 et 1956) sont reproduites ci-dessous : illustrations numéros 2, 12, 16, 27, 29, 30, 31, 54, 55, 95, ainsi qu'aux éditions du Cerf pour les passages bibliques, présentés en encadrés, qui sont extraits de *La Bible de Jérusalem* (traduite en français sous la direction de l'École biblique de Jérusalem), Paris, éditions du Cerf, nouvelle édition revue et augmentée, 1998.

Introduction

Plusieurs religions ont édifié des lieux de culte à Jérusalem : temples israélites puis juifs d'une part, «païens» d'autre part; synagogues juives; églises chrétiennes (catholiques, orthodoxes, coptes, etc.); mosquées musulmanes. Il ne sera traité, dans cet ouvrage, que des premiers de ces lieux de culte, les successifs temples israélite puis juifs — monuments qui sont souvent, par tradition, dotés d'une initiale majuscule — construits sur le «Mont du Temple» situé au nord de la «Cité de David».

Précisons que les Temples juifs, et non plus israélite, de Jérusalem, sont ceux qui ont été construits après l'Exil en Babylonie, après qu'«Israël» s'est trouvé réduit à une partie de l'ancien Royaume de Juda, essentiellement la Judée, — le mot «juif» venant de Juda/Judée, par l'intermédiaire du grec *ioudaios* et du latin *judaeus*, signifiant «de Juda», en passant par, au xe siècle, *judeu*, et, au XIIe siècle, *juieu*, féminin *juieue*, «juive», d'où le masculin «juif»[1].

Dans une première partie sera présenté le complexe fortifié de Jérusalem accroché au Temple. Dans une deuxième partie, seront décrits les temples ayant été effectivement construits à Jérusalem sur le Mont du Temple. Dans une troisième partie seront examinés deux projets antiques d'édification de temple au même emplacement. Enfin, dans une «Annexe», seront brièvement évoqués d'abord les temples non israélites de Palestine, puis les temples israélites bâtis hors de Jérusalem.

Rappelons que la Palestine, contrée aux limites mal définies et changeantes selon le cours de l'histoire, n'est que la partie méridionale de la région syro-palestinienne, qui constitue, elle-même, la corne occidentale du «Croissant fertile». Et précisons que par «Palestine» on entendra, ici, le territoire correspondant à celui qui fut attribué à la dernière entité juridique ayant porté ce nom : la Palestine sous mandat britannique, territoire compris entre la vallée du Jourdain et la mer Morte, à l'est, la mer Méditerranée à l'ouest, autrement dit cisjordanien.

À l'époque prémonarchique, les deux lieux de culte israélites les plus importants avaient été Gilgal (près de Jéricho), où, selon la *Bible*, Josué, après la traversée du Jourdain, avait fait dresser un cercle de douze pierres, et Silo, qui abritait l'Arche d'Alliance. Peu à peu, le culte de Yahweh avait supplanté, dans nombre de sanctuaires cananéens, celui de Baal, le dieu des Hébreux y héritant d'une grande partie des attributs du dieu local. Relevons, à propos des Cananéens, cette note de *La Bible de Jérusalem*, à *Deutéronome*, VII, 1, verset où sont énumérées les «sept nations» que les Hébreux devront vaincre pour se rendre maîtres du pays : «Les Cananéens représentent le fond de la population sémitique de Palestine. Les Amorites sont une vague sémitique postérieure, arrivée à la fin du IIIe millénaire. La tradition "yahviste" préfère le premier nom, la tradition "élohiste" emploie surtout le second; *Josué*, XI, 3, les distingue géographiquement»[2]. Parmi ces nations, une seule autre mérite ici une mention, celle des «Jébuséens» qui «sont les anciens habitants de Jérusalem, *II Samuel*, V, 63»[3], auxquels David enleva la cité. Ajoutons que, selon la même *Bible*, «le Yahviste aurait été mis par écrit au IXe siècle [avant notre ère] en Juda, l'Élohiste un peu plus tard en Israël; après la ruine du Royaume du Nord [Israël], les deux documents auraient été fusionnés en un seul»[4].

Le transfert, effectué par David, de l'Arche d'Alliance dans sa capitale, Jérusalem, fit de cette ville la capitale religieuse du royaume, caractère qui fut encore accentué lorsque Salomon y eut fait construire le Temple. Le plan de celui-ci n'est connu que par la *Bible*; il semble qu'il ait rappelé celui de temples cananéens[5]. Selon la *Bible*, également, le sacerdoce y était réservé aux membres de la tribu de Lévi; ceux d'entre eux qui descendaient d'Aaron — le frère de Moïse, que, au Sinaï, Yahweh avait désigné pour exercer, et ses descendants après lui, le sacerdoce au milieu du «Peuple élu» — étaient prêtres, ayant à leur tête les fils de Sadoq (c'est-à-dire les descendants de celui qui, au temps de David, avait été le chef des prêtres de Jérusalem); les autres, les lévites, les assistaient dans leurs fonctions. Il semble que, parmi ces lévites, figureront, ultérieurement, d'anciens prêtres, ou leurs descendants, des sanctuaires israélites autres que celui de Jérusalem; à la suite de la centralisation religieuse ordonnée en faveur du Temple de Jérusalem, ce sacerdoce provincial — desservant les temples dont des vestiges, plus ou moins importants, ont été dégagés de Dan au nord à Béersheba au sud, en passant par Lakish et Arad[6] — aurait été contraint de se joindre à celui du Temple de Jérusalem, où un rôle subalterne lui aurait été attribué.

Notes

1. *Cf.* notre article «Palestine», dans l'*Encyclopaedia Universalis*, édition de 1995, volume 17, p. 370, colonne 3. Celui-ci a été repris dans le *Dictionnaire du Judaïsme* (Encyclopaedia Universalis et Albin Michel, Paris, 1998, *cf.* p. 539, colonne 2).
2. *La Sainte Bible traduite en français sous la direction de l'École biblique de Jérusalem*, nouvelle édition en un volume, Paris, 1998, p. 263, note a.
3. *Ibid*, p. 263, note a.
4. *Ibid*, p. 25, colonne 1.
5. *Cf.* notre article «Palestine», *ibid.*, p. 375, colonne 1; repris dans le *Dictionnaire du Judaïsme* (Encyclopaedia Universalis et Albin Michel, Paris, 1998), p. 544, col. 1 et 2.
6. *Cf.* notre article «Palestine», *ibid.*, p. 379, colonnes 1 et 2; repris dans le *Dictionnaire du Judaïsme*, p. 554, colonne 2 et p. 555, colonne 1.

Rappel chronologique

PÉRIODE CANANÉENNE (du début du IIIe millénaire à la fin du XIIIe siècle av. J.-C.).

PÉRIODE ISRAÉLITE (du début du XIIe siècle à 587 av. J.-C.) : l'âge du Fer.
— *L'époque prémonarchique* (du début du XIIe siècle à la fin du XIe av. J.-C.).
— *L'époque monarchique* (de la fin du XIe siècle à 587 av. J.-C.).
•Saül : 1030 à 1010 environ.
•David : 1010 – 970 environ.
Prise de Jérusalem vers 1000.
•Salomon : 970 environ à 931.
Construction du Temple : 960 à 953.
•La monarchie double :
le Royaume du Nord ou d'Israël (931 à 722 ou 721).
le Royaume du Sud ou de Juda (931 à 587).
722 ou 721 : prise de Samarie par les Assyriens, déportation des Israélites.
Ézéchias, roi réformateur de Juda (716 à 687) : tente de supprimer les sanctuaires provinciaux.
Josias, roi réformateur de Juda (640 à 609) : détruit les sanctuaires provinciaux.
597 : prise de Jérusalem par Nabuchodonosor, déportation à Babylone de Judéens.

593 à 571 : mission prophétique d'Ézéchiel parmi les Juifs exilés en Babylonie.

587 : nouvelle prise de Jérusalem, destruction du Temple et de la ville, nouvelle déportation de Judéens en Babylonie.

L'EXIL ET LA PÉRIODE PERSE (587 à 333 av. J.-C.).

520 à 515 : construction du «Deuxième Temple» de Jérusalem, sous l'impulsion du grand prêtre Josué et du commissaire Zorobabel.

PÉRIODE HELLÉNISTIQUE (333 à 63 av. J.-C.).

Alexandre meurt à Babylone : 323.

— *La domination des Lagides* (323 à 197 av. J.-C.).

— *La domination des Séleucides* (197 à 129 avant J.-C.).

169 à 164 : grande persécution d'Antiochus Épiphane (profanation et pillage du Temple).

167 : instauration, dans le Temple, du culte de Jupiter Olympien. Début de la révolte dite «des Maccabées» : le prêtre Mattathias et ses cinq fils.

164 : le culte de Yahweh est restauré dans le Temple purifié.

— *L'indépendance de la Judée asmonéenne* (129 à 63 av. J.-C.). de vers 100 av. J.-C. à 68 ap. J.-C. : Qoumrân et les *Manuscrits de la mer Morte*.

PÉRIODE ROMAINE (63 avant J.-C. à 324 après J.-C.).

— *Les deux derniers siècles de la Jérusalem Juive* : de la prise de Jérusalem par Pompée (63 avant J.-C.), à la fin de la «Guerre d'Hadrien» (135 après J.-C.).

Hérode le Grand devient roi avec l'aide des Romains : 40/37 à 4 av. J.-C.

20-19 av. J.-C. : début de la construction du Temple.

10-9 av. J.-C. : achèvement de l'essentiel et dédicace.

Vers l'an 64 : fin des travaux.

66 à 70 : «Première Révolte (ou Guerre) juive», les Romains Vespasien et Titus.

132 à 135 : «Seconde Révolte (ou Guerre) juive», l'empereur romain Hadrien. Simon Bar-Kokhba «Prince d'Israël».

— *L'époque de la païenne Aelia Capitolina* : de la fin de la «Guerre d'Hadrien» à la victoire de Constantin (135 à 324 de notre ère).

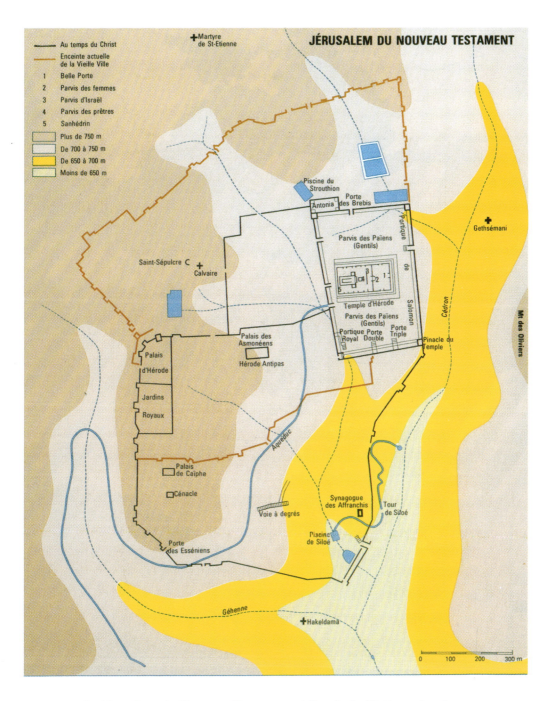

1. Jérusalem du Nouveau Testament (d'après le Dictionnaire des noms propres de la Bible, Paris, Le Cerf et Desclée de Brouwer, 1978).

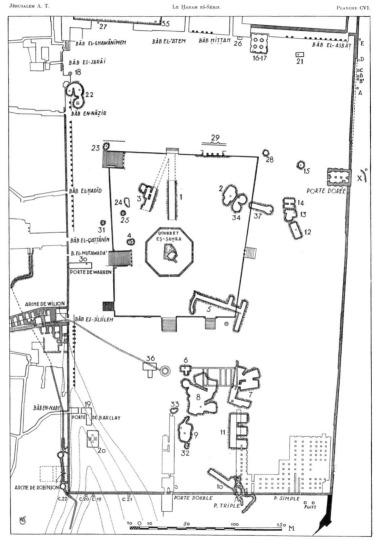

Ordonnance générale et principale nomenclature.

1 à 37, placement et numérotation des citernes et sous-sols. — A-E, dans l'angle N.-E., placement des puits et galeries de Warren. — Cᵃ à Cᵘ sur le passage du Tyropœon dans l'angle S.-O., sondages de Warren. Les courbes de niveau sont indiquées en pointillé dans cet angle S.-O. — X, devant la porte Dorée, tronçon de maçonnerie antique, formant probablement perron.

2. Plan du Haram esh-Shérif : ordonnance générale et principale nomenclature.

PREMIÈRE PARTIE

Le complexe fortifié de Jérusalem accroché au Temple

Au temps du «Premier Temple».

Sous le règne de David, la ville de Jérusalem ne s'étendait que sur la colline du Sud-Est, constituant la «Cité de David» — la Citadelle se trouvant, alors, dans la partie septentrionale de cette colline, partie qu'occupait l'acropole ou Ophel[7].

Sous le règne de Salomon, le mont Moriyya (*cf. II Chroniques*, III, 1), au nord de la Cité de David, se couvrit de bâtiments officiels : Temple et Palais de Salomon. Il n'est pas déraisonnable de faire l'hypothèse que les murs est et ouest de l'enceinte de la Cité de David furent prolongés vers le nord, afin de se raccorder au mur d'enceinte de l'esplanade commune à ces deux bâtiments. Le mur oriental de cette enceinte s'arrêtait, alors, au sud, à la hauteur de la discontinuité visible dans le mur oriental de l'enceinte de l'actuel Haram esh-Shérif — correspondant au mur oriental de l'enceinte de l'esplanade du Temple d'Hérode — discontinuité située à environ 32 mètres au nord de l'angle sud-est de cette enceinte après l'extension de celle-ci réalisée par Hérode. Ce raccordement aurait donc dû se faire à ce niveau. Nous reviendrons, un peu plus bas, sur les problèmes que pose cette discontinuité.

À partir du VIIIᵉ siècle avant notre ère, au cours duquel la ville fortifiée de Jérusalem commença à se développer sur la colline occidentale, les murs septentrionaux protégeant les extensions successives de Jérusalem vers l'ouest sur cette colline, puis au nord de celle-ci, vinrent aussi se raccorder à l'enceinte de l'esplanade du Temple, au mur occidental de celle-ci.

Dans de nombreuses publications — notamment une double série d'articles parus, respectivement, depuis l'année 1970 dans la *Revue des Études Juives*, depuis l'année 1973 dans la revue *Syria* —, je me suis particulièrement attaché à présenter et commenter les résultats des fouilles réalisées dans la Vieille Ville de

Ci-dessus :
3. Le Haram esh-Shérif (vu du Nord-Est).

Page de gauche :
4. Le Haram esh-Shérif (son angle sud-est).
5. Le «Gros mur» du VIIIe siècle avant notre ère, dégagé par Nahman Avigad (cliché N. Avigad).

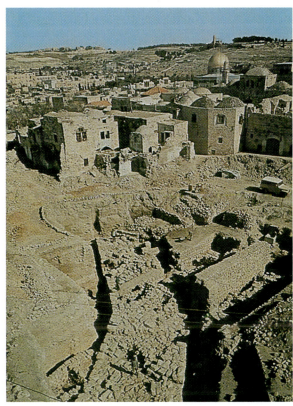

Jérusalem par les archéologues israéliens après la «Guerre des Six Jours» de 1967. Car ces fouilles, j'ai pu en suivre et discuter les résultats grâce, d'une part, à mes Missions archéologiques effectuées chaque année à Jérusalem depuis l'été 1970, et, d'autre part, au cordial accueil que m'ont réservé ces collègues archéologues, professeurs à l'Université hébraïque de Jérusalem[8]. C'est ainsi que nous nous sommes attaché à préciser la date de construction et le tracé (*cf.* la figure 12) des deux premières des trois murailles de Jérusalem évoquées par l'historien juif Flavius Josèphe dans sa *Guerre des Juifs* (en V, IV, 2, §§ 142-152) à propos du siège subi par cette ville pendant la Première Guerre (ou Révolte) juive des années 66 à 70 de notre ère — de même que du «Gros mur», antérieur à ces murailles, que le professeur Nahman Avigad, de l'Université hébraïque de Jérusalem, a dégagé lors des fouilles qu'il a conduites sur la colline occidentale de Jérusalem, et que l'on peut considérer comme ayant appartenu à la «muraille numéro zéro» de cette colline. Les murs septentrionaux de ces murailles étant les seuls à nous concerner ici, nous les désignerons, pour abréger, sous les appellations de «Premier mur», «Deuxième mur», et «Troisième mur» — le premier, le plus ancien, étant le plus méridional, le troisième, le plus récent, étant le plus septentrional. Ce dernier serait le seul des trois à être postexilique, son édification ayant été commencée, mais non achevée, par Hérode Agripa Ier vers 42-43 de notre ère. Il n'appartient donc pas à l'époque du Premier Temple.

Le «Gros mur d'Avigad» et la première implantation fortifiée sur la colline occidentale.

Peu de temps après le début de ses fouilles, à l'automne 1969, Nahman Avigad découvrait, dans le «Quartier juif» sur la colline occidentale, les vestiges d'un mur (*cf.* la figure 5) mesurant encore 65 mètres de long sur 7 mètres d'épaisseur[9]. Ces vestiges ne se trouvent pas exactement sur le tracé traditionnellement attribué à l'un ou à l'autre des trois murs signalés par Flavius Josèphe. Mais, on peut faire l'hypothèse, non invraisemblable, que la muraille à laquelle ce «Gros mur» — dont l'emplacement était inconnu, jusqu'alors — appartenait, suivait, dans sa partie orientale, le tracé que conservera le Premier mur pour rejoindre le mur occidental de l'enceinte de l'esplanade commune au Temple et au Palais de Salomon; tandis que l'autre extrémité de cette muraille, après avoir fait un coude orienté du nord-est au sud-ouest puis à l'ouest, au sud et enfin à l'est, autour du sommet secondaire, oriental de la colline occidentale, rejoignait le mur ouest de l'enceinte de la Cité de David. Des critères, notamment céramiques, permettent de dater ce mur du VIIIᵉ siècle avant notre ère. Mais, selon Nahman Avigad — encore tout récemment partisan de la *Minimalist View*, sur laquelle nous allons revenir —, il faudrait probablement voir, là, une partie du mur que le roi de Juda Ézéchias fit construire aux environs de l'an 700 avant notre ère. Tandis que, selon nous, il s'agirait, en l'occurrence, d'un élément du mur nord de la première muraille à avoir protégé le premier quartier installé sur la colline occidentale, muraille qui aurait été construite au plus tard sous le règne d'Amasias (au début du VIIIᵉ siècle avant notre ère), puisque la *Bible* nous apprend (*II Roi*, XIV, 13; *II Chroniques*, XXV, 23) que le roi d'Israël Joas (798-783 avant notre ère) fit abattre une partie de ce qui devait être cette première muraille sous le règne du roi de Juda Amasias (796-781 avant notre ère)[10].

Évoquant «certains commentaires critiques publiés à propos» de ses dernières «vues sur l'extension de la Jérusalem préexilique» — hypothèse d'extension pourtant encore un peu trop prudente, avons-nous estimé — Nahman Avigad conclut : «Il va sans dire que tous les tenants de la thèse maximaliste sont pleinement d'accord avec la reconstitution que nous proposons. Je tiens à mentionner en premier lieu mon ami et collègue E.-M. Laperrousaz, qui a suivi de près nos fouilles de Jérusalem depuis leur début et a exprimé son opinion maximaliste aussitôt après la découverte de la première section de la "muraille large"»[11]. Rappelons, ici, que : «Selon les partisans de la *Maximalist View* — hypothèse qui semble bien due à Flavius Josèphe —, toute la colline occidentale de Jérusalem aurait été occupée et protégée par un mur d'enceinte dès l'époque de la Monarchie unitaire (sous David et Salomon) : de là viennent, entre autres localisations erronées, l'appellation de "Mont Sion" donnée, encore aujourd'hui, à la partie méridionale de cette colline et la vénération, en cet endroit, d'un prétendu "Tombeau de David". Pour les partisans de la *Minimalist View* — hypothèse qui date seulement de la seconde moitié du siècle dernier, fut mise à l'honneur, en particulier, par Michael Avi-Yonah professeur à l'Université hébraïque de Jérusalem, à partir de 1954, et triompha, dans les années soixante, grâce à l'interprétation alors donnée des résultats des nouvelles fouilles archéologiques conduites à Jérusalem, à partir de 1961, conjointement par Kathleen

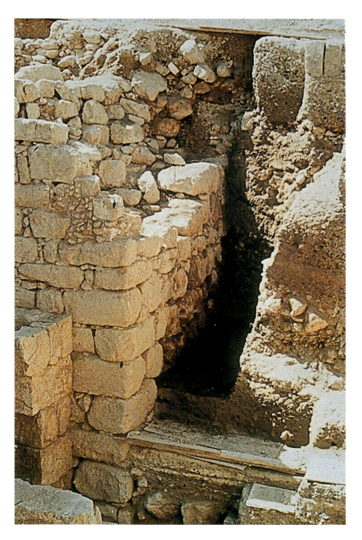

6. Vestiges d'une tour du «Premier mur» mentionné par Flavius Josèphe, situés au centre de la partie septentrionale de ce mur.

Kenyon et le R. P. Roland de Vaux —, pour les partisans de la *Minimalist View*, donc, la colline occidentale n'aurait été plus ou moins complètement occupée et protégée par un mur d'enceinte qu'à partir de l'époque maccabéo-asmonéenne, à la rigueur depuis le début de l'époque hellénistique, la ville de Jérusalem n'ayant occupé, précédemment, que la seule colline orientale. Quant à nous, notre hypothèse générale nous place entre ces deux points de vue, dans la catégorie des partisans de

16

l'"extension progressive" de la ville de Jérusalem au cours de la période du Premier Temple : d'abord située sur la seule colline orientale, elle se serait alors étendue progressivement sur l'ensemble de la colline occidentale»[12].

De toute manière — alors que, pendant plusieurs décennies, la *Minimalist View* avait été soutenue par un nombre de plus en plus important d'archéologues ou de biblistes, et qu'elle paraissait être sur le point de triompher quand Nahman Avigad dégagea, en 1969, ce vestige de «Gros mur» préexilique — «aujourd'hui, soulignait en septembre 1986 Avigad, une telle discussion est devenue anachronique et la théorie minimaliste peut être totalement abandonnée»[13].

7. Quatre pointes de flèches dégagées au pied de cette tour : l'une en bronze (en bas, à droite) des soldats de Nabuchodonosor (587 avant notre ère); les autres en fer, des défenseurs de Jérusalem (cliché de N. Avigad).

Le «Premier mur» et l'extension d'est en ouest sur la colline occidentale.

En fait, il en fut presque de même du sort réservé à l'attribution à l'époque hellénistique, si ce n'est même au temps des Maccabées ou des Asmonéens, de la construction originale du «Premier mur» de Jérusalem évoqué par Flavius Josèphe : cette hypothèse, adoptée par un nombre croissant d'archéologues ou de biblistes, semblait devoir l'emporter définitivement lorsque Nahman Avigad, toujours dans le «Quartier juif» de la Vieille

8. Vestiges du «Premier mur» dégagés à l'Ouest, dans le fossé oriental de la «Citadelle».

Ville, mit au jour en 1975, sur le tracé traditionnel de ce «Premier mur» — le long et au sud de la petite «Vallée transversale», affluente du Tyropoeon, qui constitue un fossé naturel pour le «Premier mur» — des vestiges d'une autre muraille préexilique (*cf.* la figure 6), et en 1978, sur ce même tracé mais à environ cinquante mètres plus à l'ouest (sous le *Cardo* byzantin), d'autres vestiges de fortifications également préexiliques. Cela fait donc, maintenant, deux attestations certaines de vestiges de fortifications préexiliques situés sur le tracé traditionnel du «Premier mur», ces deux attestations certaines se trouvant à l'ouest de l'endroit où la muraille dont faisait partie le «Gros mur» révélé par Nahman Avigad devait prendre la direction ouest-est — en suivant, comme indiqué plus haut, le tracé traditionnellement attribué à la partie orientale du «Premier mur» — pour rejoindre le mur occidental de l'enceinte de l'esplanade commune au Temple et au Palais de Salomon. Notons que des vestiges de fortifications, que Nahman Avigad attribue à l'époque hellénistique, se trouvent associés à ces vestiges du «Premier mur» préexilique témoignant de réfections de ce mur.

Ajoutons que des éléments d'une maçonnerie préexilique, plus récemment dégagés dans le fossé oriental de la Citadelle de Jérusalem, seraient des vestiges du «Premier mur», selon Nahman Avigad, auquel : «Il semble donc très probable que nous avons là le maillon manquant, prouvant que notre mur nord atteignait bien la région de la Citadelle, vers l'ouest, et, de là, tournait plein sud», et qu'ainsi, alors : «le rempart de la ville, dont des vestiges ont été retrouvés dans le Quartier juif, entourait toute la colline occidentale, incluant la piscine de Siloé, et rejoignait le mur de la cité de David pour former une vaste cité d'un seul tenant, comme l'exprime si bien le Psaume 122»[14]. En fait, «il semble bien que les fouilles commencées en 1979 par B. Pixner, D.Chen et Sh Margalit à la pointe sud de la "colline occidentale", près et au pied du vieux cimetière protestant, en dégageant des vestiges de fortifications préexiliques fournissent réellement la preuve que l'hypothèse que — longtemps et jusqu'à ces derniers temps — nous avons été le seul à défendre à Jérusalem, était correcte : une communication a été présentée à la presse de Jérusalem sur ces fouilles, le 25 octobre 1988. Ainsi, maintenant, après la reconnaissance de l'occupation préexilique de la "colline occidentale" de Jérusalem, c'est l'origine préexilique du "Premier mur" [dans toute l'ampleur qui vient d'être rappelée] que l'ensemble (ou presque) des spécialistes

9. Vestiges du «Premier mur» dégagés près de l'angle sud-ouest de la «Colline occidentale».

concernés, nous rejoignant donc, a enfin admise à la suite des découvertes archéologiques effectuées notamment par Nahman Avigad dans le "Quartier juif" de la "colline occidentale" de la Vieille Ville»[15].

Quant à l'auteur de la construction de ce «Premier mur», nous estimons que ce fut le fils et successeur d'Amasias, Ozias (781-740 avant notre ère), dont la Bible mentionne, en *II Chroniques*, XXVI, 9, les travaux de renforcement des fortifications de Jérusalem qu'il réalisa, après les désastres subis sous le règne d'Amasias.

Le «Deuxième mur» et l'extension au nord de la colline occidentale.

Venons-en, maintenant, au «Deuxième mur» de Jérusalem évoqué par Flavius Josèphe, mur construit en avant, vers le nord, du précédent (*cf. : II Chroniques*, XXXII, 5, et *Isaie*, XXVI, 1). Ce mur aurait été l'œuvre du roi de Judas Ézéchias (716-687 avant notre ère), datation *préexilique* que nous avons retenue — dans la ligne qui était, naguère, celle de l'École biblique et archéologique française de Jérusalem, notamment, mais avait été généralement abandonnée — à cause, en particulier, de ce que l'on sait de l'histoire *postexilique* des murailles de Jérusalem.

En effet, d'une part l'on situe géographiquement le «Troisième mur» mentionné par Flavius Josèphe, construit par Hérode Agrippa Ier (petit-fils d'Hérode le Grand) vers 41-42 de notre ère, soit à quelque 450 mètres au nord de l'actuelle Porte de Damas, un peu au nord de l'École biblique et archéologique française, soit, beaucoup plus vraisemblablement, au niveau de cette Porte de Damas[16]. D'autre part, dans les documents actuellement connus auxquels est attribué un caractère «historique», nulle attestation n'apparaît de la construction de nouvelles murailles, destinées à protéger de nouveaux quartiers de Jérusalem, pendant la période comprise entre l'Exil à Babylone et le court règne d'Hérode Agrippa Ier en Judée[17].

Comme nous avons déjà eu l'occasion de le signaler, il semble qu'afin de tenir compte d'un certain nombre de faits on doive modifier quelque peu le tracé traditionnellement attribué à ce «Deuxième mur». Parmi ces faits, citons le rajeunissement que le Dr. Ute Lux a fait subir, à la suite de ses fouilles effectuées, en 1970-1971, sous l'Église évangélique allemande du Rédempteur — église située à une faible distance au sud-est de la Basilique du Saint-Sépulcre, et immédiatement au sud de

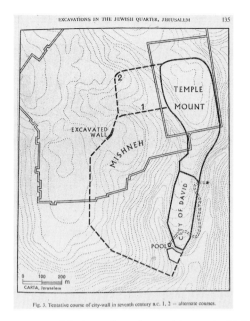
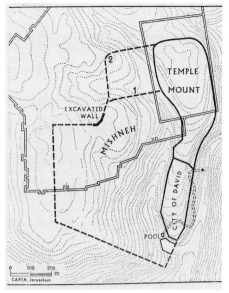

Fig. 3. Tentative course of city-wall in seventh century B.C. 1, 2 = alternate courses.

10. Les deux hypothèses de Nahman Avigad concernant le tracé de l'enceinte préexilique de Jérusalem comprenant son «Gros mur» («excavated wall»), (dans Israel Exploration Journal, volume 20, n° 3-4, 1970, p. 135, fig. 3).
11. Les deux hypothèses de Nahman Avigad concernant ce même tracé (dans Israel Exploration Journal, volume 22, n° 4, 1972, p. 195, fig. 2).

l'Hospice russe de Saint Alexandre —, à un gros mur qui était généralement considéré, depuis sa découverte en 1893, comme faisant partie du «Deuxième mur»[18]. Rappelons les propos que nous avons tenus, à ce sujet, il y a déjà plus de vingt ans, lors d'une conférence donnée, le 3 avril 1978, à la Société des Études euro-asiatiques : «Voici le parcours qu'à titre de simple hypothèse de travail, je me permets de proposer, pour lui, actuellement. L'élément déterminant du tracé du "Deuxième mur" aurait été constitué par une tour — commandant peut-être une porte — située sur la partie orientale du mamelon rocheux du Golgotha [lequel constitue le principal facteur topographique utilisable pour asseoir une muraille dans ce secteur, ajouterons-nous]; les vestiges de fortifications que renferme l'Hospice russe de Saint-Alexandre pourraient témoigner d'un état ultérieur, d'une réfection de cette tour et des murs voisins. De cette sorte de tour d'angle seraient partis deux murs faisant entre eux quasiment un angle droit : l'un, vers l'est, qui aurait suivi en gros jusqu'au Temple, en coupant la vallée du

Jérusalem : Relief du sol (L.-H. Vincent et A.-M. Stève, *Jérusalem de l'Ancien Testament*, Planche I).

———————— : enceintes encore actuelles (Vieille Ville, Haram esh-Shérif).
·············· : enceinte du gros mur d'Avigad: Amasias.
————— : enceinte du 1° mur de Flavius Josèphe: Ozias.
— — — — : enceinte du 2° mur de Flavius Josèphe: Ézéchias.

╫ ╫ ╫ : tracé traditionnel du 2° mur de Fl. Josèphe.

⌐
¦ selon mes hypothèses.
⌐

12. Les murailles antiques de la «Colline occidentale» selon mes hypothèses (plan plusieurs fois publié, et déjà projeté, pour l'essentiel, dans ma «Communication» au VIᵉ Congrès mondial des Études juives, Jérusalem, 1973).

Tyropoeon, la ligne de pente la plus allongée correspondant, approximativement, au côté méridional de la rue nommée Aqabat et-Takiyeh; l'autre, vers le sud, qui aurait rejoint le mur nord de la précédente muraille après avoir coupé la petite vallée [dénommée "Vallée Transversale", qui constitue quant à elle, rappelons-le, un fossé naturel pour le "Premier mur"], après avoir coupé, donc, la petite vallée affluente du Tyropoeon juste sous le confluent de celle-ci et d'une autre petite vallée, en suivant ainsi, à peu près, le bord occidental des actuelles rues portant, respectivement, les noms de Suq Khan ez-Zeit et de Suq el-Attarin»[19].

Or, récemment, aux deux extrémités de ce tracé proposé dans notre hypothèse, des travaux de fouilles archéologiques et de dégagement ont mis au jour des éléments qui, nous semble-t-il, vont dans le sens de cette hypothèse touchant ce tracé.

C'est ainsi, d'une part, qu'à l'extrémité occidentale de ce tracé nous avons constaté, au cours de notre Mission archéologique de l'été 1985, le récent dégagement, sous le *Cardo*, de vestiges de constructions datés, par les archéologues israéliens responsables de cette découverte, de l'époque préexilique[20]. Et, d'autre part, à l'autre extrémité — orientale donc — de ce «Deuxième mur», des vestiges pouvant intéresser la question ici en débat ont été mis au jour grâce au creusement d'un tunnel de dégagement — travail effectué sous l'impulsion du Rabbin M.-Y. Getz, le responsable des abords du «Mur des Lamentations» — le long de la face extérieure du mur occidental du Haram esh-Shérif (mur appartenant à l'enceinte antique, hérodienne, de l'esplanade du Temple), au nord de la partie de ce mur appelée «Mur des Lamentations». Relevons, par exemple, qu'au nord de l'actuelle Porte en-Nazir, aux environs de 212 mètres au nord de l'Arche de Wilson, subsiste une barre de rocher mesurant environ 1,5 mètre d'épaisseur sur 3 mètres d'est en ouest depuis le «Mur occidental», contre lequel elle est moins élevée et comme entaillée. Cette barre de rocher se prolonge vers le nord à un niveau plus bas que son sommet. Et il y a une rigole, creusée dans le «Mur occidental», qui, située à un niveau sensiblement intermédiaire entre celui du sommet de la barre de rocher et celui de la base de l'entaille faite dans cette barre, se prolonge vers le nord et vers le sud; cette rigole a été probablement creusée dans le «Mur occidental» par l'écoulement des eaux au niveau d'un sol, comme celle que l'on voit dans le «Mur des Lamentations» Il nous a paru devoir attribuer cette barre de rocher à la rive nord du petit affluent du Cédron, ou du fossé, qui sépare le «Mont du Temple» du socle rocheux de l'«Antonia». Ne se pourrait-il pas que cette barre de rocher ait supporté le «Deuxième mur», lequel aurait rejoint le «Mur occidental» de l'enceinte de l'esplanade du Temple en profitant de cette avancée vers l'ouest des pentes qui constitueront le socle rocheux de l'«Antonia» ?

S'il en a bien été ainsi, on est conduit à faire l'hypothèse que l'extrémité orientale du «Deuxième mur» — mur qui, rappelons-le, remonte selon nous à l'époque du Premier Temple — a suivi l'évolution du plan des trois Temples successifs de Jérusalem et de leur tour de défense du nord-ouest.

D'abord, à l'époque du Premier Temple (celui de Salomon), ce «Deuxième mur», œuvre d'Ézéchias, pourrait avoir rejoint le «Mur occidental» de l'enceinte de l'esplanade du Temple à l'angle nord-ouest de celle-ci, juste au sud du petit affluent ou fossé précité; à moins que, déjà, il n'ait abouti, en s'appuyant sur la barre de rocher dont subsiste le vestige en question, à la tour Hananéel, qui aurait donc dû se trouver au nord du petit affluent ou fossé.

Puis, à l'époque du Deuxième Temple (celui du retour de la captivité en Babylonie), ce «Deuxième mur», s'il ne l'avait pas fait précédemment, aurait rejoint l'ancienne tour Hananéel remise en état (laquelle deviendra la petit forteresse dite Bîrah ou Baris), en s'appuyant, donc, sur la barre de rocher — s'il y avait eu effectivement, alors, cette modification dans le tracé de l'extrémité orientale du «Deuxième mur», celle-ci aurait peut-être été réalisée dans le grand souci ézéchiélien de séparation du sacré et du profane (*cf. Ézéchiel*, XLV, 1-6), afin, en l'occurrence, d'éliminer l'attache du mur d'enceinte de la Ville au mur d'enceinte de l'esplanade du Temple, ce qui supposerait, du même coup, l'aménagement de l'extrémité orientale du «Premier mur»; mais, selon *Ézéchiel*, XLII, 20, ce serait le mur d'enceinte, lui-même, de l'esplanade du Temple auquel aurait été attribuée une telle fonction de séparation.

Enfin, à l'époque du TroisièmeTemple (celui d'Hérode le Grand), ce «Deuxième mur» aurait rejoint la forteresse «Antonia» nouvellement construite — également près de l'angle nord-ouest mais de l'enceinte de l'esplanade de ce nouveau Temple (*cf.* Flavius Josèphe, *Guerre des Juifs*, V, IV, 2, § 146).

Ainsi, il ne resterait rien de l'extrémité orientale du «Deuxième mur», extrémité orientale qui pourrait avoir été démolie par les Juifs eux-mêmes dans les dernières années de la Première Révolte juive (66-70) ou pendant la Seconde Révolte (132-135), par les Romains après l'une et l'autre de ces deux révoltes, par les Byzantins, les Musulmans ou les Croisés.

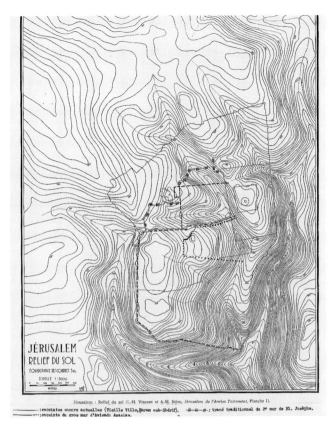

Jérusalem : Relief du sol (L.-H. Vincent et A.-M. Stève, *Jérusalem de l'Ancien Testament*, Planche I).

————— : enceintes encore actuelles (Vieille Ville, Haram esh-Shérif), –#–#–#– : tracé traditionnel du 2ᵉ mur de Fl. Josèphe.
————— : : enceinte du gros mur d'Avigad : Ananias.

13. Le plan de Jérusalem à la fin de la monarchie,
selon N. Avigad (dans The Upper City of Jerusalem,
en hébreu, Jérusalem, 1980, p. 58, fig. 36).

Hérode le Grand déjà, quand il construisit le «Mur occidental» d'enceinte de l'esplanade de son Temple, a forcément modifié l'attache du «Deuxième mur» avec le «Mur occidental»; mais, la démolition complète ou le remplacement de l'extrémité orientale du «Deuxième mur» par une ou plusieurs arches supposerait qu'un autre mur eût été construit plus au nord pour défendre de ce côté les quartiers septentrionaux de Jérusalem, mur qui ne commencera à être construit que par Hérode Agrippa Ier vers 41-42 de notre ère (*cf.* Flavius Josèphe, *Guerre des Juifs,* V, IV, 2, §§ 147-152); à moins que de supposer qu'Hérode le Grand ait modifié le tracé de l'extrémité orientale du «Deuxième mur» pour le raccorder à l'»Antonia» — hypothèse qui semble correspondre à la description que donne de ce mur Flavius Josèphe (*ibid.*, § 146), nous l'avons vu, et que nous proposons d'adopter.

Si, pour remplacer l'ancienne extrémité orientale du «Deuxième mur», une arche ou une succession d'arches (viaduc) a été construite par Hérode le Grand, celle-ci pourrait avoir rejoint le «Mur occidental» à un niveau supérieur à la partie de ce mur qui a été dégagée par les ouvriers du Rabbinat, ou bien à un niveau atteint par l'une ou l'autre des destructions subies par ce mur. Mais, de toute manière, il resterait à expliquer la persistance de la barre de rocher devant la base, elle-même rocheuse, du «Mur occidental», alors que le rocher, au nord et au sud de cette barre — et au même niveau qu'elle —, a été taillé pour imiter la maçonnerie hérodienne de ce mur. Ne pourrait-on pas faire l'hypothèse que la barre de rocher, après la destruction, en cet endroit, de l'extrémité orientale du «Deuxième mur», servit de support à une pile d'arche ?[21]

En terminant ce point, notons que l'archéologue israélien Shlomo Margalit, qui fut l'un des assistants de Nahman Avigad dans sa fouille du «quartier juif» de la Vieille Ville, a attribué, à la suite de nos nombreuses conversations hiérosolymitaines, le «Deuxième mur» à l'époque du Premier Temple, cela notamment dans l'édition de 1985 du tableau intitulé «Archaeology of Jerusalem» de *The Wide Screen Project : Historical Geography of the Bible Lands by Pictorial Archive (Near Eastern History)*, Jérusalem — ce qui n'avait pas encore été le cas dans son édition de 1980.

Au temps du «Deuxième Temple»

En ce qui concerne la Jérusalem du retour de l'Exil en Babylonie —Jérusalem qui, selon *Néhé*mie, VII 1, présentait alors un contraste entre l'importance de sa superficie et celle du nombre de ses habitants, car, si sa «population était peu nombreuse à l'intérieur», par contre elle «était spacieuse et grande» ou «grande et étendue des deux côtés» —, nous avons, plusieurs fois déjà, développé les arguments qui, selon nous, conduisent à conclure que cette Jérusalem avait la même étendue que la Jérusalem de la fin de l'époque dite du Premier Temple, de l'époque préexilique,[22] hypothèse qui naguère encore, avant que ne triomphe la *Minimalist View*, était enseignée à l'École Biblique et Archéologique Française de Jérusalem. Il n'y eut donc pas, alors, construction d'une nouvelle muraille sur un nouveau tracé comme nous le précisons dans l'«Appendice» à cette Première partie résumant l'«Histoire postexilique des murailles de Jérusalem».

Or, voilà que l'archéologue israélien Meir Ben-Dov, qui fut, aux côtés du professeur Benjamin Mazar, de l'Université Hébraïque de Jérusalem, l'un des responsables des dernières fouilles conduites près du mur d'enceinte hérodien de l'esplanade du Temple de Jérusalem (le Haram esh-Shérif des Musulmans), vient, reprenant à son compte une bonne partie des arguments que nous avions avancés en la matière, d'adopter notre hypothèse dans un récent ouvrage[23].

Au temps de la construction du «Troisième Temple».

Nous ne savons rien de l'éventuelle construction par Hérode le Grand, à Jérusalem, d'une nouvelle muraille sur un nouveau tracé, comme nous le rappelons dans l'«Appendice»[24].

APPENDICE
Histoire postexilique des murailles de Jérusalem

À l'époque du retour de Babylone

En ce qui concerne l'époque du retour de l'Exil en Babylonie, telle que le livre de *Néhémie* nous la fait connaître[25], il est indiqué que Néhémie fit l'inspection du rempart de Jérusalem où il y avait des brèches et dont les portes avaient été incendiées (*cf.*, *Néhémie,* II, 13)[26], et il n'est question que de reconstruction du rempart de Jérusalem dont les portes sont incendiées (*cf. ibid.,* II, 17), de réparations de celui-ci, du comblement de ses brèches (*cf.*, *ibid.*, IV, 1), de l'achèvement de sa reconstruction, toutes les brèches ayant été comblées mais les battants n'ayant pas encore été fixés aux portes (*cf.*, *ibid.,* VI, 1).

À l'époque des Asmonéens

Touchant les Asmonéens, il n'est pas dit, à propos des murailles entourant la Ville de Jérusalem, qu'ils en construisirent de nouvelles sur un tracé différent de celui des anciennes; si, parfois, il peut paraître y avoir ambiguïté — le verbe alors employé (οἰκοδομεῖυ) signifiant «construire» et «reconstruire»[27] —, le contexte montre qu'il s'agit, en l'occurrence, d'une reconstruction du rempart, comme de la Ville.

En fait, nos textes nous présentent, à cette époque, trois groupes de destructions et de reconstructions.

PREMIER GROUPE

Destructions

Selon *I Maccabées*, I, 31 : en 167 avant notre ère, le représentant d'Antiochus IV Épiphane pilla la Ville de Jérusalem, y mit le feu, détruisit ses maisons et son mur d'enceinte.

Selon *I Maccabées*, VI, 62 : en 163 avant notre ère, Antiochus V Eupator et Lysias démantelèrent l'enceinte du mont Sion.

Reconstructions

Selon *I Maccabées*, X, 10-11 : Jonathan (160-142 av. notre ère) se met à rebâtir (οἰκοδομεῖυ) et à restaurer la Ville de Jérusalem, et ordonne de reconstruire (οἰκοδομεῖυ) le rempart et d'entourer le mont Sion de pierres de taille pour le fortifier, ce qui fut fait.

Selon *I Maccabées*, X, 44-45 : Jonathan reçoit de Démétrius Ier (162-150 avant notre ère) une Lettre lui indiquant que le roi va financer tous ses travaux de reconstruction (même verbe).

Selon *I Maccabées*, XII, 35-37 : Jonathan, revenu de Coelé-Syrie, décide avec les anciens de surélever (προσυψῶσαι) les murs de Jérusalem, etc.

Selon *I Maccabées*, XIII, 10 : Simon (142-134 avant notre ère) se hâte d'achever (τελέσαι) les murs de Jérusalem.

Selon *I Maccabées*, XIV, 36-37 : il fut donné à Simon d'exhausser (ὕψωσε) les murailles de Jérusalem, etc.

DEUXIÈME GROUPE

Destructions

Selon Flavius Josèphe, *Antiquités Judaïques*, XIII, VIII, 3 § 248 : Antiochus VII Sidétès (138-129 avant notre ère) détruisit l'enceinte de la Ville de Jérusalem.

Reconstructions

Selon *I Maccabées*, XVI, 23 : il semble que Jean Hyrcan Ier (134-104 avant notre ère) rétablit cette muraille.

TROISIÈME GROUPE

Destructions

Selon Flavius Josèphe, *Antiquités Judaïques*, XIV, VIII, 5 § 144 :

Pompée, en 63 avant notre ère, abattit les murs de Jérusalem. *Reconstructions:*

Selon Flavius Josèphe, *ibid.* : César, en 47 avant notre ère, autorise Hyrcan II (ethnarque de 63 à 40 avant notre ère) à relever les murailles de Jérusalem.

Pendant le règne d'Hérode le Grand

Si l'on sait qu'à Jérusalem Hérode le Grand édifia, notamment, l'Antonia et le Palais de la Ville-Haute, reconstruisit le Temple («Troisième Temple» de Jérusalem) et agrandit l'esplanade de celui-ci, par contre, comme l'a rappelé le R. P. Pierre Benoît : «Rien n'est dit de ses travaux éventuels sur les remparts de Jérusalem. Mais il eut un long règne, il fut un grand bâtisseur, et les dégâts causés par la conquête de Pompée en 63 avant J.-C., difficilement réparés sous les règnes faibles et agités d'Hyrcan II et d'Antigone, ont dû lui laisser bien des choses à reprendre»[28].

D'ailleurs, le fait même qu'Hérode Agrippa Ier, moins d'un demi-siècle après la mort d'Hérode le Grand, et sans que rien ne permette de supposer que Jérusalem s'était agrandie depuis cet événement, ait construit le «Troisième mur», paraît s'opposer à l'hypothèse d'une construction d'une nouvelle muraille — c'est-à-dire d'une muraille suivant un nouveau tracé — par Hérode le Grand.

Nos sources littéraires «historiques» invitent donc à attribuer la construction originelle du «Deuxième mur» de Jérusalem, comme du «Premier», à l'époque préexilique. Et si l'on en croit la *Bible*, nous l'avons vu, le roi de Juda Ézéchias est le meilleur candidat au titre de constructeur de ce «Deuxième mur».

En terminant cette première partie, à l'intention de qui s'étonnerait encore de cette extension de la Ville Sainte nous répéterons ce que nous avons plusieurs fois souligné, depuis 1975: «Pour comprendre cette extension de Jérusalem sur la colline occidentale, extension qui fut telle que cette nouvelle partie de la ville reçut un mur d'enceinte dès au moins le règne d'Amasias (796-781 avant J.-C.), il faut bien se rendre compte que la faiblesse du Royaume de Juda elle aussi, et non pas seulement la prospérité de ce dernier, a pu être une cause de développement pour Jérusalem : ainsi, bien avant l'arrivée des réfugiés du Royaume d'Israël, dont la capitale, Samarie, fut prise par les Assyriens en décembre 722 on en janvier 721 avant J.-C. — arrivée qui fut probablement l'une des causes d'une nouvelle extension de Jérusalem et, en conséquence, de la construction, par Ézéchias (vers 701 avant J.-C., quand les Assyriens envahirent Juda), d'un nouveau mur (correspondant au tracé du «second mur» de Josèphe) —, bien avant, donc, ces réfugiés, nombre d'habitants des campagnes du Royaume de Juda, lorsque celles-là étaient devenues peu sûres du fait des combats que se livraient les deux royaumes et des raids qu'effectuaient, notamment, les troupes du Royaume d'Israël, doivent être venus se réfugier à Jérusalem. Quant au développement que donna Ozias (781-740 avant J.-C.) à son mur d'enceinte sur la colline occidentale, il fut exigé par des considérations d'ordre militaire tenant compte de la réalité topographique — et de la défaite qu'avait subie Amasias»[29]. Et, ici, nous ajoutions, en note : «Certes, l'époque de la monarchie unitaire — c'est-à-dire les règnes de David et de Salomon — fut celle d'une prospérité et d'une puissance sans doute inégalées par la suite pour Jérusalem, qui ne redevint la capitale de toute la Palestine que sous les Asmonéens.[...] Mais, avant les dévastations, les massacres, déportations et fuites en exil qui marquèrent, à des degrés divers, la fin du Royaume de Juda, puis la grande persécution d'Antiochus Épiphane et la révolte des Maccabées, la capitale des rois de Juda avait connu plusieurs occasions de développement». En plus de celles qui ont été alors évoquées, nous en mentionnerons quelques autres, à titre d'exemples, après avoir souligné que les fouilles conduites par Miss Kenyon et le R. P. de Vaux sur la colline de l'Ophel ont montré que, dès l'époque cananéenne, la ville s'était étendue sur le tiers supérieur de la pente orientale de cette colline (vallée du Cédron)[30] — ce qui signifie que la plateforme du sommet de la colline orientale était déjà devenue trop petite et que, lorsque Salomon eut occupé par ses constructions le mont Moriah et l'Ophel *stricto sensu* (c'est-à-dire l'intervalle compris entre la Cité de David et le mont Moriah), tout développement ultérieur de la ville devait se faire au-delà du Tyropoeon. D'abord (comme exemple d'occasion de développement de la ville), rappelons que, selon la *Bible*, après la division du pays en deux royaumes les prêtres, les lévites et de nombreux fidèles quittèrent le Royaume d'Israël et vinrent en Juda et à Jérusalem, près du Temple (*cf. II Chroniques*, XI, 13-17); un peu plus tard, «Josaphat établit à Jérusalem des prêtres, des lévites et des chefs de famille israélites» (*II Chroniques*, XIX, 8, traduction de *La Bible de Jérusalem*). Ajoutons que le Royaume de Juda bénéficia d'une période de prospérité économique sous le règne d'Ozias. Il convient, enfin, de tenir compte du fait que Jérusalem devait prévoir des locaux pour héberger les nombreux pélerins qui montaient au Temple, en particulier à l'occasion de la Pâque, de la fête des Semaines et de celle des Tentes.

Notes

7. *Cf.* Y. Shiloh, «Jérusalem ancienne. Une ville cananéenne et une capitale israélite», dans *Archéologie, art et histoire de la Palestine*, ouvrage collectif réalisé sous notre direction à la suite du Colloque du Centenaire de la Section des Sciences religieuses de l'École Pratique des Hautes Études tenu en septembre 1986, Paris, Le Cerf, 1988, pp. 122 et 126.

8. *Cf.* N. Avigad, «La Topographie de Jérusalem aux époques israélite et hasmonéenne», *ibid.*, p. 140.

9. *Cf.* N. Avigad, *ibid.*, p. 135.

10. Voir, à ce propos, nos articles parus dans la *Revue des Études juives* depuis 1970, et, en dernier lieu, notre article «L'étendue de Jérusalem à l'époque perse», dans *La Palestine à l'époque perse*, ouvrage collectif réalisé sous la direction de E.-M. Laperrousaz et A. Lemaire, Paris, Le Cerf, 1994, pp. 132 et 135.

11. N. Avigad, *ibid.,* pp. 139-140.

12. E.-M. Laperrousaz, «Avant-propos» dans l'ouvrage déjà cité *Archéologie, art et histoire de la Palestine*, pp. 9-10.

13. N. Avigad, *ibid.*, p. 134.

14. Id., *ibid.*, p. 141.

15. E.-M. Laperrousaz, «L'étendue de Jérusalem à l'époque perse», dans l'ouvrage déjà cité, pp. 138 et 140.

16. *Cf.* notre article «La Troisième muraille antique de la "Colline occidentale" de Jérusalem», dans la revue *Syria*, tome LXXV, 1998 (Mélanges E.Will, I, pp. 1 à 10).

17. *Cf.* l'Appendice à la fin de cette Première partie, résumant l'«Histoire postexilique des murailles de Jérusalem».

18. *Cf.*, à ce propos, notre contribution, intitulée «Le problème du "Premier mur" et du "Deuxième mur" de Jérusalem après la réfutation décisive de la *Minimalist View*», à l'*Hommage à Georges Vajda*, Louvain, 1980, p.28, note 40.

19. Conférence intitulée «À propos du "Premier mur" et du "Deuxième mur" de Jérusalem, ainsi que du rempart de Jérusalem à l'époque de Néhémie», *R.É.J.,* 138 (1979), pp. 6-7. Soulignons, à nouveau, que l'hypothèse d'un mur nord-sud qui, destiné à protéger, du côté de l'Occident, une excroissance septentrionale de Jérusalem, serait allé en gros, si on le situe par rapport à des constructions actuelles, de l'Hospice russe de Saint-Alexandre à un point se trouvant un peu à l'ouest de la Porte de Damas — c'est-à-dire l'hypothèse d'un mur de défense bâti sur les pentes inférieures de la Colline du Gareb qui, quant à elle, serait restée, pour l'essentiel, hors les murs —, paraît topographiquement, et donc militairement, des plus risquées ! Ajoutons qu'à notre connaissance aucun vestige archéologique n'a été mis au jour qui justifie la prise d'un tel risque.

D'autre part, identifier la muraille à laquelle aurait appartenu ce mur nord-sud occidental — muraille dont le mur nord-sud oriental, selon la même hypothèse, aurait descendu les pentes de la colline nommée Bézétha pour aboutir à l'«Antonia»—, identifier donc cette muraille avec le «Deuxième mur» ne s'accorde pas avec la description que fait Flavius Josèphe (*cf. Guerre des Juifs,* V, IV, 2 § 146) de ce mur, qui, «enfermant seulement le quartier nord de la ville, remontait jusqu'à l'Antonia», ce qui suppose, logiquement, qu'il ait coupé une vallée — comme cela est le cas dans notre hypothèse (*cf.*, sur les tracés des «Deuxième» et «Troisième mur» évoqués par Flavius Josèphe, nos brèves remarques intitulées «Dernières nouvelles archéologiques de Jérusalem» dans la *Revue de l'Histoire des Religions*, 198 (1981), pp. 123-124, texte émaillé de fautes typographiques).

20. Sur ce point, *cf.* notre article «Jérusalem la Grande», dans *Eretz-Israel,* volume 24 (*Abraham Malamat Volume*), The Israel Exploration Society, Jérusalem, 1993, p. 143, col. 1, et celui de *La Palestine à l'époque perse*, pp. 141 et 144.

21. Sur ces éléments dégagés, récemment, aux deux extrémités du tracé que nous avons proposé pour ce «Deuxième mur», *cf.* nos communications intitulées «Encore du nouveau sur les murailles antiques de Jérusalem» et «De l'Arche de Wilson à la piscine double du Strouthion : les abords souterrains du Mur occidental du Temple de Jérusalem» (parues, avec des plans et des photographies, dans la *R.É.J.*, respectivement : 146 (1987), pp. 205-224; 149 (1990), pp. 291-294; ainsi que notre article paru dans *Syria*, 67 (1990), pp. 622-626).

22. *Cf.* notre article de *La Palestine à l'époque perse*, pp. 123-132. En ce qui concerne l'extrémité orientale du «Deuxième mur», sa liaison avec le mur occidental de l'enceinte de l'esplanade du Temple au temps du «Deuxième Temple», *cf.* ci-dessus, p. 24

23. *Cf.* M. Ben-Dov, *In the Shadow of the Temple. The Discovery of Ancient Jerusalem*, Jérusalem, 1985, p. 60, traduction anglaise de l'édition hébraïque de 1982.

24. En ce qui concerne l'extrémité orientale du «Deuxième mur», sa liaison avec le mur occidental de l'enceinte de l'esplanade du Temple au temps d'Hérode le Grand, *cf.*, ci-dessus, p. 24

25. *Cf.* notamment, à ce sujet, nos articles parus dans *Syria* depuis 1973 et, en dernier lieu, notre article «L'étendue de Jérusalem à l'époque perse», *ibid.*, p. 131, note 5, où nos travaux sur la question sont énumérés.

26. En note à ce verset, il est précisé dans *La Bible de Jérusalem. La Sainte Bible traduite en français sous la direction de l'École biblique de Jérusalem,* nouvelle édition en un volume, Paris, 1998, p. 640 : «"du rempart" manuscrits, grec, Vulgate; "des remparts" hébreu. — "où il y avait des brèches" *hameporaçîm* conjecture; "qui étaient détruits" *'asher hem perûçîm* hébreu». Soulignons, à nouveau, que si l'on venait, dans ce verset, d'indiquer que les remparts «étaient détruits», il était pour le moins superflu d'ajouter que «les portes avaient été incendiées» !.

27. *Cf.* F.-M. Abel, *Les Livres des Maccabées*, Paris, 2ᵉ éd., 1949, p. 16.

28. P. Benoît, recension (de K.M. Kenyon, *Jerusalem. Excavating 3000 Years of History,* Londres, 1967), dans *RB* 76 (1969), p. 268. Notons bien la nuance : «bien des choses à reprendre», c'est-à-dire à réparer, à refaire; et retenons surtout, de cette citation concernant Hérode le Grand, la constatation que : «Rien n'est dit de ses travaux éventuels sur les remparts de Jérusalem».

29. *Cf.* notre article : «L'extension préexilique de Jérusalem sur la colline occidentale. Réfutation décisive de la *Minimalist View* mise à l'honneur voilà vingt ans», dans la *Revue des Études Juives,* tome CXXXIV, fasc. 3-4, juillet-décembre 1975, p. 28.

30. Cette situation a été confirmée par les fouilles menées par Yigal Shiloh, professeur à l'Université Hébraïque de Jérusalem, sur ce site (*cf.* Y. Shiloh, «Jérusalem ancienne. Une ville cananéenne et une capitale israélite», dans l'ouvrage collectif, déjà cité, intitulé *Archéologie, art et histoire de la Palestine*, Paris, Le Cerf, 1988, pp. 119-132).

DEUXIÈME PARTIE

Les Temples consacrés à Yahweh sur le «Mont du Temple» de Jérusalem

CHAPITRE PREMIER

Le Temple de Salomon

Il est intéressant de constater que nombre de chercheurs israéliens, au cours des dernières décennies, ont estimé devoir attribuer à l'époque hellénistique certaines grandes réalisations architecturales et urbanistiques concernant Jérusalem — attitude méritoire, si l'on se souvient que la civilisation hellénistique a été l'une des plus dangereuses rivales du Judaïsme de son temps !

C'est ainsi qu'ils dataient de cette époque la «grande» Jérusalem, thèse dont, finalement, les fouilles effectuées par le professeur Nahman Avigad, sur la colline occidentale de cette ville, ont démontré la fausseté, nous venons de le voir. C'est ainsi, également, que, dans la ligne de la critique opposée par le professeur Yigaël Yadin, de l'Université Hébraïque de Jérusalem, à l'encontre de l'hypothèse de datation d'une maçonnerie de Tel-Arad, hypothèse présentée par le professeur Yohanan Aharoni, de l'Université de Tel-Aviv, fut attribuée à cette époque hellénistique la partie du mur oriental de la muraille de soutènement et d'enceinte de l'esplanade, qui fut celle du Temple de Jérusalem, partie située au nord de la discontinuité se trouvant, dans ce mur, à environ 32 mètres au nord de l'angle sud-est de cette enceinte. Nous pensons avoir démontré, dans diverses publications, que cette dernière hypothèse était également fausse, et que le style de taille des pierres constituant cette partie préhérodienne de ce mur oriental remontait à l'époque préexilique — comme la maçonnerie en cause à Tel-Arad ! Malheureusement, un certain nombre d'archéologues ne semblent pas sensibles à l'exposé de l'histoire précisant l'origine de ce style de taille des pierres à bossage et quatre marges. Nous allons revenir sur ce dernier point.

14. L'angle sud-est du Haram esh-Shérif («Pinacle» du Temple d'Hérode), vu de l'Est-Nord-Est par-dessus le Cédron.

Les seuls vestiges archéologiques du Temple de Salomon.

Actuellement, devant la partie dégagée du mur occidental de l'enceinte du Haram esh-Shérif musulman, à Jérusalem, enceinte qui correspond pour l'essentiel à celle du Temple construit à cet emplacement par Hérode le Grand — qui fut le troisième Temple de Jérusalem, puisque, après le premier Temple, celui construit par Salomon, les Juifs, au retour de leur Exil à Babylone, avaient construit un deuxième Temple —, on voit de nombreux Juifs venir prier devant cette partie du mur occidental connue, en français, sous le nom de «Mur des Lamentations».

En effet, pour ces Juifs, ce mur serait le mur occidental de l'enceinte du Temple de Salomon. Et c'est pour cela que le rabbin M.-Y. Guetz, qui était le responsable de ce mur et des synagogues aménagées contre lui, a voulu dégager, grâce à un tunnel, la face extérieure de ce mur occidental sur toute sa longueur vers le nord. Ce rabbin, d'origine tunisienne et francophone, nous donna toute facilité pour examiner ce tunnel de dégagement.

Déjà, les fouilles conduites par le professeur Benjamin Mazar, de l'Université Hébraïque de Jérusalem, le long du mur sud de l'enceinte du Haram esh-Shérif et autour de l'angle sud-ouest de cette enceinte, avaient permis de constater que la maçonnerie de ces murs était hérodienne jusqu'au rocher; et il en avait été de même pour celle du «Mur des Lamentations». Le tunnel de dégagement creusé par le rabbin Guetz, depuis cette partie du mur occidental d'enceinte jusqu'à l'extrémité nord de celui-ci, permet de confirmer que tout ce mur occidental d'enceinte, comme le mur sud, est de construction hérodienne jusqu'au rocher. Nous savions déjà, notamment grâce à l'historien juif Flavius Josèphe, qu'Hérode le Grand avait agrandi l'esplanade du Temple vers le sud; il en aura été de même vers l'ouest, car aucun vestige de mur occidental d'enceinte n'a été découvert, ni à la base, on vient de le rappeler, ni à l'ouest du mur occidental du Haram esh-Shérif.

Mais qu'en est-il, en la matière, du mur oriental de l'enceinte du Haram esh-Shérif ?

Dans le mur oriental de cette enceinte — dont le tracé suit, redisons-le, celui de l'enceinte de l'esplanade du Temple hérodien — on peut voir, à environ 32 mètres au nord de l'angle sud-est de cette enceinte, une discontinuité, maintenant devenue célèbre, dans la maçonnerie. La partie située au sud de cette discontinuité correspond à l'extension hérodienne, vers le sud, de l'esplanade du Temple et du mur de soutènement ainsi que d'enceinte de celle-ci. Quant à la partie de ce mur qui se trouve au nord de cette discontinuité, elle a fait l'objet de plusieurs hypothèses de datation. (*cf.* figure 16).

Selon certains archéologues (le Français Maurice Dunand et l'Anglaise Kathleen M. Kenyon), il s'agirait d'une construction remontant au retour de l'Exil en Babylonie, à l'époque achéménide (VIe siècle avant notre ère); d'après la plupart des archéologues israéliens qui ont évoqué ce problème, on aurait affaire, là, à une œuvre ne datant que de l'époque hellénistique (à partir de 332), ou même, plus précisément, que des Asmonéens, les descendants des Maccabées (IIe-Ier siècle avant notre ère). Selon nous, il s'agirait de l'angle sud-est du Premier Temple, le «Temple de Salomon», plus précisément de l'angle sud-est de la muraille de soutènement et d'enceinte de l'esplanade commune au Palais (au sens large) et au Temple de Salomon, œuvre de Salomon et peut-être de ses premiers successeurs.

15. La discontinuité vue de l'Est : à gauche, la maçonnerie hérodienne; à droite, la maçonnerie «salomonienne».

Et le débat, en ce qui concerne la date de construction de cette partie du mur oriental en question, a reposé sur les deux interrogations principales que voici :

— La technique de taille des pierres avec bossage et quatre marges, technique dont on constate l'emploi dans la maçonnerie en question, était-elle déjà pratiquée à l'époque où le Premier Temple de Jérusalem, au sens large, fut construit ?

— Les traces d'outils (ciseau à dents ou *shahouta* selon son nom local), encore visibles sur certaines pierres de cette maçonnerie, n'interdisent-elles pas d'attribuer celle-ci au Premier Temple ?

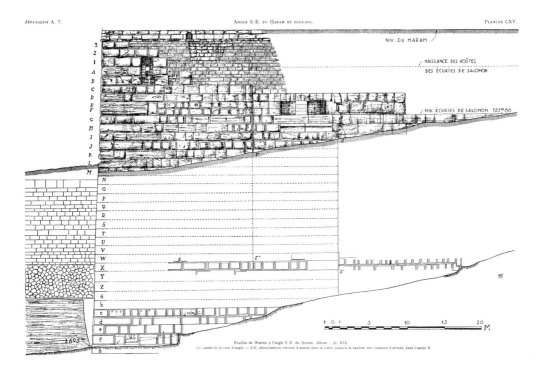

Fouilles de Warren à l'angle S.-E. du Haram. *Album...*, pl. XIX.

f-f', saillie de la tour d'angle. — *S-S'*, décrochement vertical d'assises dans la paroi, jusqu'à la hauteur des voussoirs d'arcade, dans l'assise H.

16. La face orientale de l'angle sud-est du Haram esh-Shérif révélée par les sondages de Charles Warren.

    Au sujet de la première de ces deux interrogations, nous rappellerons ceci. Nous avons relevé qu'il avait été constaté qu'une telle technique de taille des pierres avec bossage et quatre marges était connue des maçons ayant œuvré dans la région entre l'époque achéménide (à Byblos et Sidon, par exemple) et celle de Salomon. L'utilisation de cette technique a été reconnue, dans la Palestine préexilique, d'abord, au Xe siècle, sous le règne de Salomon dans les «Cités salomoniennes» en général; puis, dans la *Bâmah* (sanctuaire) de Tel-Dan du Royaume du Nord, au IXe siècle sous le règne d'Achab qui, selon la *Bible (cf I Rois*, XVI, 31), fut l'époux de Jézabel, fille d'Ittobaal roi de Tyr et de Sidon; et encore en Judée, au IXe siècle, dans la Ramat Rahel d'Athalie (selon l'attribution de cette dernière cité, confirmée par le professeur Yigaël Yadin, de l'Université Hébraïque de Jérusalem, lors de notre entretien du 29 août 1980 à Jérusalem), Athalie, fille d'Achab et de Jézabel. En fait, cette technique a donc été utilisée dans les contrées dont les souverains avaient d'étroites relations avec les souverains phé-

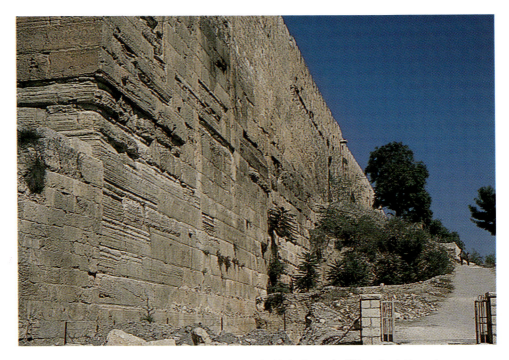

17. L'angle sud-est du Haram esh-Shérif vu de l'Est-Sud-Est : la discontinuité est au milieu de la photographie, derrière les arbustes.

niciens. En conséquence, on peut, à juste titre, la qualifier de «phénicienne» comme, dans la ligne de nos propres conclusions, l'a fait notre collègue Max Mallowan[31]. Depuis, nous avons préféré dire «cananéophénicienne».

En effet, la source, au moins asiatique, de cette technique paraît devoir être localisée à Ougarit/Ras Shamra, où l'on a pu constater que cette technique était connue des maçons du Palais cananéen — d'où le qualificatif de «cananéophénicien» que nous avons préféré pour ce style — dès la seconde moitié du IIe millénaire avant notre ère (*cf.* figure 24).

Ajoutons le dernier élément suivant, qui va dans le sens de notre hypothèse : Mme Eilat Mazar, petite-fille du professeur Benjamin Mazar qui dirigea les récentes fouilles archéologiques effectuées contre le mur méridional et l'angle sud-ouest de l'enceinte du Haram esh-Shérif /enceinte hérodienne de l'esplanade du Temple de Jérusalem, Mme Eilat Mazar, donc, continuant ces fouilles dans la partie sud-est de ce chantier, a mis en valeur une maçonnerie — déjà signalée par Charles Warren puis par Kathleen Kenyon — maçonnerie constituée, elle aussi, de pierres taillées à bossage et quatre marges; or, comme Kathleen Kenyon, elle a attribué cette maçonnerie à

18. L'angle sud-est du Haram esh-Shérif vue de l'Est-Nord-Est : la discontinuité est au-milieu de la photographie, derrière le plus gros arbuste.

l'époque préexilique et relevé que son style de taille était typiquement phénicien (*cf.* figure 23).

Au sujet de la seconde de ces deux interrogations, enfin, nous rappellerons que Yigaël Yadin, lors de notre conversation du 29 août 1980 à Jérusalem, s'est de nouveau montré sensible à mon hypothèse d'un «ravalement» à la *shahouta* ou au ciseau à dents qu'Hérode le Grand, par exemple, au cours de ses travaux d'agrandissement de l'esplanade du Temple, pourrait avoir fait subir à la maçonnerie antérieure qu'il conservait — hypothèse destinée à expliquer la présence de traces d'un tel outil sur cette maçonnerie conservée par Hérode comme sur la maçonnerie hérodienne elle-même, dans la mesure où de telles traces n'ont pas, au moins jusqu'alors, été relevées sur une maçonnerie plus ancienne que l'époque de l'Exil en Babylonie.

En conclusion à ce point, nous redirons que la maçonnerie en question, se trouvant immédiatement au nord de cette discontinuité, devait originellement appartenir, selon nous, à la face orientale de l'angle sud-est de la muraille de soutènement et d'enceinte de l'esplanade commune au Temple et au Palais de Salomon[32].

De gauche à droite et de haut en bas :
19. Byblos : le mur frontal du podium (cliché M. Durand).
20. Sidon : le mur ouest du podium du temple d'Echmoun (cliché M. Durand).
21. Tel-Dan : la Bamâh, côté oriental (cliché A. Biran).
22. Tel-Dan : la Bamâh, côté méridional.
23. Jérusalem : sur l'Ophel, vestiges d'une maçonnerie préelixique (cf. K. M Kenyon, Palestine Exploration Quarterly, 1968, planche XXXI B).

24. Ras-Shamra-Ougarit : la place au sud de la cour V : à droite, le côté oriental de l'angle sud-est du mur extérieur des Archives Sud du Grand Palais; à
gauche, le côté nord-est de l'angle nord du mur extérieur du Petit Palais (cliché
Cl.-F.-A. Schaeffer).

Notons que l'existence de cette discontinuité a été révélée
grâce aux sondages effectués à l'intérieur et autour du Haram-
esh-Shérif, de 1867 à 1870, sous la direction de l'officier du
Génie royal anglais Charles Warren. Et c'est peu avant la
Guerre des Six Jours de juin 1967, qui donna le contrôle de
toute la ville de Jérusalem et de toute la Palestine à Israël, que,
grâce aux travaux de déblaiement effectués sous la direction du
Service des Antiquités de Jordanie et du *Palestine
Archaeological Museum* (Rockefeller Foundation) de Jérusalem
— travaux qui ont notamment abouti, en 1966, au dégagement
d'une partie importante de ce mur oriental, sur plusieurs
dizaines de mètres à partir de l'angle sud-est de l'enceinte du
Haram esh-Shérif — de nouvelles possibilités d'examen de
cette discontinuité et des maçonneries voisines de celle-ci ont
été offertes aux archéologues jusqu'à l'assise «Q», soit six
assises supplémentaires (*cf.* la figure 16).

Ci-contre
25. Jérusalem : ouvrier taillant la pierre avec une «shahouta» (cliché R. Morel).

Ci-dessous
26. Jérusalem : de part et d'autre de la discontinuité : en haut, sur la photographie, pierres de la maçonnerie préhérodienne; en bas, pierres de la maçonnerie hérodienne.

Et cette maçonnerie, si notre hypothèse correspond bien à la réalité, serait la seule à subsister de l'ensemble constitué par le Palais et le Temple de Salomon avec le mur de soutènement et d'enceinte de l'esplanade commune à ces deux monuments. Quant à ceux-ci (Palais et Temple de Salomon proprement dits), aucun vestige de maçonnerie n'en a été identifié. Et il en est de même pour le «Deuxième Temple» construit au retour de l'Exil en Babylonie, et le «Troisième Temple», œuvre d'Hérode le Grand.

Pour connaître ces Temples, il ne reste que les informations fournies par les textes.

Le Temple de Salomon selon les sources littéraires.

Selon *II Samuel*, VII, 1-2 et *I Chroniques*, XVII, 1, David avait voulu bâtir un édifice comparable à sa propre demeure pour y abriter l'Arche d'Alliance — arche construite par Moïse sur l'ordre de Yahweh (selon *Exode*, XXV, 10-22), pendant le séjour des Hébreux dans le désert, et abritée sous une tente appelée «Tente de Réunion» ou «Tabernacle» —, ce sanctuaire portatif étant considéré comme la demeure de Yahweh au milieu de son peuple, en même temps que le signe visible de l'Alliance conclue entre l'un et l'autre. Mais Dieu lui avait fait savoir par le prophète Natân que cette construction serait effectuée seulement par le fils qui lui succéderait sur le trône (*II Samuel*, VII, 12-13, et *I Chroniques*, XVII, 11-12). Et la raison de ce report voulu par Dieu, David la révèle à son fils Salomon, en *I Chroniques*, XXII, 8 : lui-même, David, a trop guerroyé et versé de sang, tandis que lui, Salomon, sera un homme de paix, comme son nom l'indique (verset 9), et (verset 10) il bâtira le Temple; en *I Rois*, V, 16-19, est faite une présentation «diplomatique» de la même situation.

Si l'on en croit *I Chroniques*, XXII, 1, David avait décidé que l'autel des Holocaustes du futur Temple serait celui qu'il avait dressé sur l'aire — achetée à Ornân le Jébuséen (*I Chroniques*, XXI, 18-28) ou Arauna le Jébuséen (*II Samuel*, XXIV, 18-25) — située sur le mont Moriyya (*II Chroniques*, III, 1).

Selon la description, souvent mal intelligible, de *I Rois*, VI-VII, la splendeur du Temple de Salomon — construit en sept ans et cinq mois, dans les années 960 à 953 avant notre ère (*cf. I Rois*, VI, 1 et 38) — aurait moins tenu à ses dimensions, moindres que celles du Palais de Salomon, qu'à la magnificence de sa décoration. «La construction du Temple, est-il précisé en

I Rois, VI, 7, se fit en pierres de carrière; on n'entendit ni marteaux, ni pics, ni aucun outil de fer dans le Temple pendant sa construction» (*cf. I Rois*, V, 31-32). Pour l'essentiel, c'était un bâtiment oblong, de type cananéen, orienté d'est en ouest avec son entrée, sa façade à l'est. Il aurait mesuré — si, pour simplifier, on donne 0,50 m à la coudée— environ 30 mètres de long sur 10 de large et 15 de haut. Il comportait trois pièces en enfilade : le *Ulam* (vestibule ou portique), séparant le sanctuaire proprement dit de son parvis, mesurait environ 10 m de large, 5 m de profondeur, et était d'une hauteur inconnue; le *Hékâl* (appelé plus tard le Saint, la Demeure) qui était la grande salle de culte, mesurait environ 20 mètres de long, 10 de large et 15 de haut; et le *Debir* (le Saint des Saints), un cube de 10 m de côté environ, partie la plus sacrée où reposait l'Arche d'Alliance. Dans le *Hékâl*, il y avait, notamment, la table d'offrande pour les «pains de proposition» et l'autel des parfums en cèdre recouvert d'or (*cf. I Rois*, VI, 20). Quant à l'autel des Holocaustes, il se trouvait sur l'esplanade entourant le Temple et le Palais, devant le *Ulam* (*I Rois*, VIII, 64; II Rois, XVI, 14; *cf. II Chroniques*, VIII, 12). Si cet autel était réellement situé à l'emplacement où David avait offert son sacrifice sur la colline dominant au nord sa cité, c'était vraisemblablement sur le point le plus haut de cette colline — selon la coutume sémitique; c'est-à-dire, si le relief du sommet de celle-ci était alors, pour l'essentiel, identique à l'actuel, sur la roche que recouvre la mosquée dite d'Omar, ou Dôme de la Roche. Notons que si cette hypothèse, concernant la localisation précise de l'autel des Holocaustes, s'appuie sur des arguments tant historiques et archéologiques que topographiques, il n'en va pas de même de toutes ses concurrentes plus ou moins récentes. Ajoutons que, si l'existence d'un autel de bronze salomonien est bien attesté (*cf. I Rois*, VIII, 64; IX, 25), en revanche, celui-ci n'est pas décrit dans le livre des Rois, mais seulement en *II Chroniques*, IV, 1 — où, comme cela est logiquement suggéré, en note à ce verset, dans *La Bible de Jérusalem* : «Le Chroniste donne peut-être ici les mesures de l'autel de pierre du Temple postexilique.» C'est donc à ce propos que nous rapporterons ces mesures.

Comme l'a fait remarquer A.-G. Barrois, dominicain qui enseigna à l'École biblique et archéologique française de Jérusalem): «Le rituel sanglant des sacrifices nécessitait de nombreuses ablutions et purifications[33]. Aussi une provision d'eau était-elle contenue dans un grand réservoir de bronze porté sur des taureaux d'airain[34]. Les dimensions en sont mani-

¹⁵Le roi de Tyr, Hiram, envoya ses serviteurs en ambassade auprès de Salomon, car il avait appris qu'on l'avait sacré roi à la place de son père et Hiram avait toujours été l'ami de David. ¹⁶Et Salomon envoya ce message à Hiram : ¹⁷«Tu sais bien que mon père David n'a pu construire un temple pour le Nom de Yahvé, son Dieu, à cause de la guerre que les ennemis lui ont faite de tous côtés, jusqu'à ce que Yahvé les eût mis sous la plante de ses pieds. ¹⁸Maintenant, Yahvé mon Dieu m'a donné la tranquillité alentour : je n'ai ni adversaire ni contrariété du sort. ¹⁹Je pense donc à construire un temple au Nom de Yahvé mon Dieu, selon ce que Yahvé a dit à mon père David : "Ton fils que je mettrai à ta place sur ton trône, c'est lui qui construira le Temple pour mon nom." ²⁰Maintenant, ordonne que l'on me coupe des arbres du Liban; mes serviteurs seront avec tes serviteurs et je te payerai la location de tes serviteurs selon tout ce que tu me fixeras. Tu sais en effet qu'il n'y a personne chez nous qui soit habile à abattre les arbres comme les Sidoniens.»

(*I Rois*, V, 15-20)

⁶Envoie-moi maintenant un homme habile à travailler l'or, l'argent, le bronze, le fer, l'écarlate, le cramoisi et la pourpre violette, et connaissant l'art de la gravure; il travaillera avec les artisans qui sont près de moi dans Juda et à Jérusalem, eux que mon père David a mis à ma disposition. ⁷Envoie-moi du Liban des troncs de cèdre, de genévrier et d'algummim, car je sais que tes serviteurs savent abattre les arbres du Liban. Mes serviteurs travailleront avec les tiens.

(*II Chroniques,* II, 6-7)

¹⁰Huram, roi de Tyr, répondit par une lettre qu'il envoya à Salomon : «C'est parce qu'il aime son peuple que Yahvé t'en a fait le roi.» ¹¹Puis il ajouta : «Béni soit Yahvé le Dieu d'Israël ! Il a fait les cieux et la terre, il a donné au roi David un fils sage, sensé et intelligent, qui va bâtir une maison pour Yahvé et une autre pour y régner lui-même. ¹²J'envoie aussitôt un homme habile et intelligent, Huram-Abi, ¹³fils d'une Danite, et de père tyrien. Il sait travailler l'or, l'argent, le bronze, le fer, la pierre, le bois, l'écarlate, la pourpre violette, le byssus, le cramoisi, graver n'importe quoi et concevoir des projets. C'est lui qu'on fera travailler avec tes artisans et ceux de Monseigneur David, ton père. ¹⁴Que soient alors envoyés à ses serviteurs le froment, l'orge, l'huile et le vin dont a parlé Monseigneur.
¹⁵Quant à nous, nous abattrons au Liban tout le bois dont tu auras besoin, nous l'amènerons à Joppé en radeaux par mer, et c'est toi qui le feras monter à Jérusalem.»

(*II Chroniques*, II, 10-15)

festement exagérées : environ 5 mètres de diamètre, 2,50 mètres de hauteur et 7,50 centimètres d'épaisseur[35]. Il est douteux que les métallurgistes du temps aient pu produire une telle pièce d'une seule coulée, et il eût été pratiquement impossible de l'amener de la vallée du Jourdain où ils avaient leur fonderie. Le nom de «mer», *yâm*, donné à ce réservoir a une connotation cosmique comme l'*apsu* des temples babyloniens, qui est référé à l'abîme des eaux primordiales»[36].

Pour réaliser ces constructions, Salomon utilisa les services du roi de Tyr Hiram ou Huram (*I Rois*, V, 15-32; *II Chroniques*, II, 2-15), qui lui fournit, notamment, le bois provenant des forêts du Liban, et du personnel qualifié — en particulier, comme maître d'œuvre et spécialement bronzier, Hiram (Huram-Abi selon *II Chroniques*), fils d'un Tyrien et d'une Danite (selon *II Chroniques*, II, 12-13), d'une veuve de la tribu de Nephtali (selon *I Rois*, VII, 13-14). Rien d'étonnant donc si le plan de ce Temple — de même que, comme nous l'avons maintes fois relevé, le style de taille (à bossage et 4 marges) des pierres de la muraille de soutènement et d'enceinte de son esplanade est comparable à celui de pierres de maçonneries

---

[27]Le roi Salomon leva des hommes de corvée dans tout Israël; il y eut trente mille hommes de corvée. [28]Il les envoya au Liban, dix mille hommes par mois, à tour de rôle : il étaient un mois au Liban et deux mois à la maison; Adoram était chef de la corvée. [29]Salomon eut aussi soixante-dix mille porteurs et quatre-vingt mille carriers dans la montagne, [30]sans compter les officiers des préfets qui dirigeaient ses travaux; ceux-ci étaient trois mille trois cents et commandaient au peuple employé aux travaux. [31]Le roi ordonna d'extraire de grands blocs, des pierres de choix, pour établir les fondations du Temple, des pierres de taille. [32]Les ouvriers de Salomon et ceux de Hiram et les Giblites taillèrent et mirent en place le bois et la pierre pour la construction du Temple.

(*I Rois*, V, 27-32)

[11]La parole de Yahvé fut adressée à Salomon : [12]«Quant à cette maison que tu es en train de construire, si tu marches selon mes lois, si tu accomplis mes ordonnances et si tu suis fidèlement mes commandements, alors j'accomplirai ma parole sur toi, celle que j'ai dite à ton père David, [13]et j'habiterai au milieu des Israélites et je n'abandonnerai pas mon peuple d'Israël.» [14]Salomon construisit le Temple et il l'acheva.

(*I Rois*, VI, 11-14)

phéniciennes et cananéennes — soit comparable au plan de temples cananéens et phéniciens (*cf.* Hazor où, selon Y. Yadin, ont été dégagés deux temples cananéens superposés du Bronze récent, des XIVe et XIIIe siècles avant notre ère). Ajoutons que certains de ces temples ont pu, quant à eux, s'inspirer du plan de temples plus anciens de régions voisines. Ce Temple de Salomon fut détruit en 587 — plutôt qu'en 586[37] — avant notre ère par les troupes babyloniennes de Nabuchodonosor.

L'Arche d'Alliance

Nous venons de voir que celle-ci avait été placée dans le *Debir* (*cf. I Rois*, VI, 19). La forme cubique de celui-ci et l'obscurité qui y régnait — puisque «aucune fenêtre n'y est signalée et puisque la porte était fermée par des vantaux en bois (*I Rois*, VI, 31))»[38] — «confèrent au lieu très saint, des caractères spécifiques, difficiles à interpréter», souligne A. Parrot, qui poursuit ainsi : «Sa hauteur moindre (10 coudées contre 15 au *hékâl*) oblige à supposer, outre un plafond plus bas, une volée de marches rattrapant partiellement cet écart. La *cella*, car c'est ainsi qu'on peut appeler cette chapelle surélevée, ne contenait aucune image divine, mais l'arche que dominaient les chérubins. On ne l'apercevait d'ailleurs que si la porte du *Debir* était ouverte, ce qui n'était peut-être pas toujours le cas. Jahvé résidait donc et avait voulu résider dans l'obscurité[39]. Ce trait rappelle moins la Mésopotamie que les temples égyptiens où l'on passe de la pleine lumière des cours à portiques dans l'ombre de plus en plus dense des salles hypostyles, jusqu'au *naos* enténébré. Dans la prière de dédicace, il semble bien que Salomon ait mis en opposition la création du soleil, donc de la Lumière, par Jahvé et la volonté de ce dernier de demeurer dans l'obscurité (*1 Rois*, VIII, 12), mais nous n'en comprenons et n'en comprendrons sans doute jamais la raison»[40].

On ne connaît pas la forme précise de l'Arche d'Alliance : s'agissait-il d'un trône, ou d'un modèle réduit de sanctuaire, d'autel ? En tout cas, «dans l'un et l'autre cas, Jahvé trônait ou résidait réellement, quoique invisible»[41]. Ajoutons qu'«il n'y avait rien dans l'arche, sauf les deux tables de pierre que Moïse y déposa à l'Horeb, quand Yahvé avait conclu alliance avec les Israélites à leur sortie de la terre d'Égypte» (*I Rois*, VIII, 9; cf. : *Deutéronome*, X, 1-5; *Exode*, XXV, 10-22; XL, 20).

Voici la description de l'Arche d'Alliance en *Exode*, XXV, 10-16 (traduction de *La Bible de Jérusalem*) : «Ils [c'est Dieu qui parle à Moise] feront en bois d'acacia une arche longue de deux coudées et demie, large d'une coudée et demie et haute d'une coudée et demie. Tu la plaqueras d'or pur, au-dedans et au-dehors, et tu feras sur elle une moulure d'or, tout autour. Tu fondras pour elle quatre anneaux d'or, et tu les mettras à ses quatre pieds: deux anneaux d'un côté et deux anneaux de l'autre. Tu feras aussi des barres en bois d'acacia; tu les plaqueras d'or et tu engageras dans les anneaux fixés sur les côtés de l'arche les barres qui serviront à la porter. Les barres resteront dans les anneaux de l'arche et n'en seront pas ôtées. Tu mettras dans l'Arche le Témoignage[42] que je te donnerai.»

Des deux chérubins qui encadraient l'Arche, André Parrot donne cette description : «De part et d'autre, on avait placé deux chérubins en bois d'olivier, plaqué or. Hauts de 10 coudées (5m) et chacun d'une envergure de même longueur (10 coudées = 5m), il nous est dit qu'une aile du premier touchait au mur et qu'une aile du second touchait au mur opposé, cependant que leurs (autres) ailes se touchaient l'une l'autre au milieu de la salle (*I Rois*, VI, 27)[43]. Une autre indication de la posture des chérubins nous est conservée (*I Rois*, VIII, 6-7; *II Chroniques*, V, 7-8) où il est très nettement précisé que les ailes recouvrent l'arche et ses barres»[44]. Et le même orientaliste précise, un peu plus loin : «Les chérubins semblent avoir joué ici essentiellement le rôle de gardiens, à l'instar de ceux qui veillaient sur l'arbre de vie dans le jardin du Paradis (*Genèse*, III, 24), mais nous pensons qu'iconographiquement, on dut s'inspirer du style égyptien puisque celui-ci pénétra dans le répertoire syro-phénicien, avec ses sphinx ou ses déesses protectrices déployant leurs ailes au-dessus du petit Horus et qu'à cette époque de l'histoire, la Palestine avait des relations beaucoup plus étroites avec l'Égypte qu'avec la Mésopotamie»[44].

Les deux colonnes de bronze.

Deux colonnes de bronze, sans utilité architectonique, flanquaient l'entrée du vestibule. Salomon «dressa la colonne de droite et lui donna pour nom :*Yakîn*; il dressa la colonne de gauche et lui donna pour nom *Boaz*» (*I Rois*,VII 21). Quant à la signification de ces noms, relevons cette note de *La Bible de Jérusalem* : «Ces deux noms sont obscurs; peut-être "elle est solide" et "avec force"», et *La Traduction œcuménique de la Bible* : «Le rôle de ces deux colonnes (qui ne soutenaient rien) reste mystérieux. *Yakîn* signifie "Il établit fermement", et *Boaz* "c'est en Lui qu'est la force".» A.-G. Barrois relève à propos de ces deux colonnes : «L'entrée est flanquée de deux colonnes de bronze, décrites par *I Rois*, VII, 15-22; 41-42; *II Chroniques*, III, 15-17; IV, 12-13; et mentionnées par *I Rois*, XXV, 13-17 et *Jérémie*, LII, 17-23. Les chiffres exprimant les proportions de ces colonnes sont irrémédiablement corrompus[46], et les descriptions de leurs bases et de leurs couronnements ne permettent aucune restitution graphique certaine. Tout ce que l'on peut en tirer est que les deux colonnes n'étaient pas faites pour supporter un linteau ou une architrave, que leurs dimensions étaient considérables, et que leur ornementation[47] provoquait l'admiration des Israélites. On leur avait donné des noms symbolique, *Yâkîn* pour la colonne du nord, à droite de l'entrée, *Bô'az* pour celle du sud, à gauche de l'entrée. Ce ne sont sans doute que les premiers mots de formules prophylactiques ayant pour but d'écarter du seuil de Iahvé, par la vertu de son nom, toute influence maléfique»[48]. Et, ici, il est précisé en note : «Le sens semble être «[Iahvé] rendra stable», *Yâkîn*, et «En la force [de Iahvé]» ou «En Lui est la force», *Bô'az*. À comparer avec les noms que Gudéa[49] donne aux bâtiments et aux ustensiles du temple de Lagash, ou avec les noms des colosses à l'entrée des temples et palais assyriens»[50]. Et A.-G. Barrois poursuit : «L'interprétation des colonnes comme des symboles astraux, des obélisques, des *massêboth* ou des phalli, doit être écartée. On évoquerait assez volontiers l'analogie des colonnes à chapiteau palmiforme érigées devant le temple du palais de Khorsabad»[51].

Annexes et ustensiles.

Ajoutons qu'au Temple proprement dit venaient s'adosser sur trois côtés (nord, ouest et sud) des constructions accessoires comprenant un rez-de-chaussée et deux étages, bâtiments qui, vraisemblablement, étaient affectés aux prêtres et aux employés du Temple, ou servaient de magasins et de salles de dépôt pour les objets du culte, les vêtements sacrés et, peut-être aussi, pour le Trésor du Temple.

L'orientaliste et archéologue André Parrot — qui dirigea les missions archéologique de Mari et de Larsa, ainsi que le Musée du Louvre — souligne, par ailleurs, que le «caractère précieux» apparaissait «abondamment dans l'ornementation intérieure du sanctuaire.» En effet, précise-t-il : «On signale partout des boiseries sculptées (coloquintes, guirlandes de fleurs, chérubins, palmettes). Même décoration sur les vantaux des portes (ché-

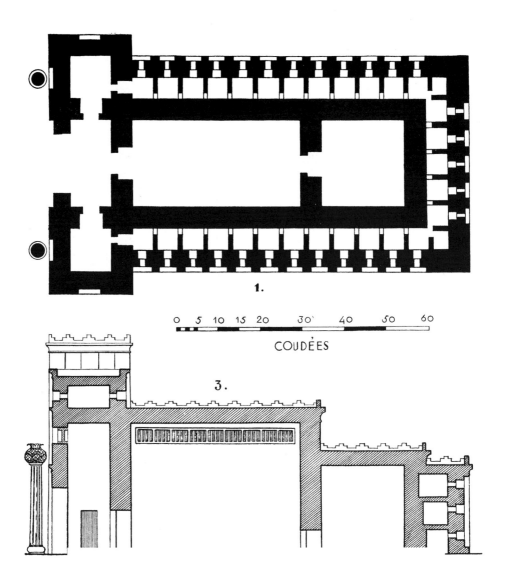

1.

0 5 10 15 20   30'   40   50   60

COUDÉES

3.

27. Le Temple de Salomon. Présentation hypothétique par les Pères dominicains Vincent et Stève : 1. Plan. 2. Élévation géométrale du long côté nord. 3. Coupe longitudinale. 4. Coupe transversale. 5. Élévation géométrale de la façade.
Dans 2 et 3 la claire-voie peut être conçue en manière de fenêtres plus espacées. Dans 5 le décor sculptural phénicien figuré dans quelques panneaux n'est qu'une suggestion.

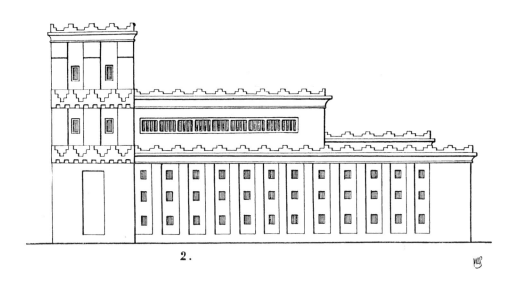

2.

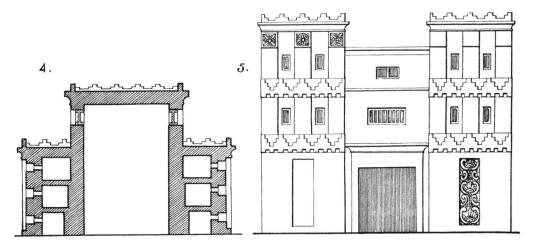

4.   5.

28 Le «Rocher» sous la mosquée dite «d'Omar» (cliché Colorama, Publishing house, Jérusalem).

rubins, palmettes, guirlandes) rehaussés de placage en or (*I Rois*, VI, 32, 35). Même en admettant des exagérations hyperboliques et dans le style du temps[52], on peut considérer que l'or fut largement employé dans la décoration intérieure du sanctuaire, ainsi que c'était l'habitude orientale, d'après laquelle on ne ménageait jamais l'emploi du métal jaune, symbole de l'opulence et de la puissance. Et Salomon n'en manquait pas»[53].

Parmi les nombreux ustensiles cultuels se trouvant dans le Temple ne figurait pas encore le Chandelier à sept branches (la *Ménorah*), qui remplaça, dans le *Hékâl* du Deuxième Temple, les dix candélabres du temps de Salomon[54].

En ce qui concerne «la toiture du Temple», toujours selon André Parrot, elle «était certainement en terrasse. Inutile de songer pour le plafond à des caissons[55], à plus forte raison à des coupoles ou à des voûtes. Une solide poutraison en bois de cèdre (*I Rois*, VI, 9), apparente et soutenue aux murs par des écharpes, supportait une terrasse en terre battue, refaite et retassée chaque année, avant la saison des pluies»[56]. Quant au «gros œuvre», il «avait été monté en pierre de taille. C'est le seul matériau qui, à Jérusalem, fût abondant. La fondation de même (*I Rois*, V, 17), mais avec chaînages en bois (*I Rois*, VII, 12), procédé architectural bien attesté aujourd'hui, grâce aux constatations faites sur plusieurs chantiers du bassin oriental de la Méditerranée : Phénicie (Ras Shamra) et Égée[57]. On comprend d'autant mieux que cette technique ait été reprise et suivie à Jérusalem, puisque Salomon avait engagé des spécialistes phéniciens et il nous est dit explicitement que les Giblites reçurent la tâche double de tailler et de mettre en place le bois et la pierre (*I Rois*, V, 18)»[58].

Enfin, une vaste esplanade, dont on ne connaît pas précisément les limites nord et ouest entourait le Palais et le Temple.

Pour conclure cette description du Temple de Salomon, citons cette mise en garde d'André Parrot : «Il est évident qu'il faut considérer toutes les reconstructions qu'on a pu proposer au siècle dernier ou au début de ce siècle avec la plus extrême réserve»[59].

Atteintes au culte et à ses supports dans le Temple

Ce Temple eut à subir, en particulier dans son aménagement, les conséquences de divers événements ayant concerné tant l'histoire intérieure du pays que l'histoire plus générale de la région.

C'est ainsi que, selon *II Rois*, XVI, 10-16 , le roi de Juda Achaz (736-716 avant notre ère), étant allé à Damas pour y rencontrer le roi d'Assyrie Téglat-Phalasar qui venait de s'emparer de la ville et, ayant vu, là, l'autel érigé dans le temple du dieu Hadad, envoya au prêtre Uriyya, à Jérusalem, une description précise de cet autel avec l'ordre d'en construire aussitôt un semblable. Et, dès son retour à Jérusalem, Achas sacrifia sur ce nouvel autel, et fit déplacer le précédent, le faisant mettre à côté du nouveau, vers le nord. Il ordonna au prêtre Uriyya de ne plus utiliser que ce «grand autel», se réservant le soin de faire un sort à «l'autel de bronze» salomonien. Étant donné que, dans le verset suivant (XVI, 17), il est précisé (dans la traduction de *La Bible de Jérusalem*) : «Le roi Achaz mit en pièces les bases roulantes, il en détacha les traverses et les bassins, il descendit la Mer de bronze de dessus les bœufs qui la supportaient et la posa sur le pavé de pierres», on est porté à penser que le roi Achaz fit tout cela non pas dans une intention cultuelle, mais afin de se procurer le bronze dont il avait besoin pour payer son tribut au roi d'Assyrie[60].

Mais il y eut pire un peu plus tard, rappelle A. Parrot; alors : «Des souverains impies avaient en effet introduit à Jérusalem les cultes païens. Manassé (687-642 av. J.-C.) en particulier avait "construit des autels dans la maison même de Jahvé" (*II Rois*, XXI, 4-5). Aussi Josias, s'appuyant sur l'autorité de Jérémie, résolut de balayer toute cette écume. Profitant de la découverte du "livre de la Loi" sans doute réapparu à l'occasion des travaux de réfection et d'entretien du sanctuaire, il fut plus énergique encore que son prédécesseur Ézéchias [*II Rois*, XVIII, 4] (716-687 av. J.-C.) et procéda à un nettoyage énergique et impitoyable. Au témoignage même des récits bibliques, il fit disparaître "tous les objets (de culte) qu'on avait fabriqués pour Baal, pour Ashéra et pour toute l'armée des cieux" (*II Rois*, XXIII, 4), "les chevaux que les rois de Juda avaient consacrés au soleil à l'entrée du Temple" et "fit aussi brûler le char du soleil" (v. 11). Il est de même question de ces autels qui se trouvaient "sur la terrasse" (v. 12) et où très certainement on sacrifiait pour attirer les dieux. Mention encore de ces autels bâtis par Manassé "dans les deux parvis de la maison de Jahvé" (v. 12) et qui furent démolis et évacués»[61].

La fin de l'Arche d'Alliance

Un bref rappel historique s'impose. En 597 avant J.-C (le 16 mars), le roi de Babylone, Nabuchodonosor, prit Jérusalem. Alors il «emporta tous les trésors du Temple de Yahvé et les trésors du palais royal et il brisa tous les objets d'or que Salomon, roi d'Israël, avait fabriqués pour le sanctuaire de Yahvé, comme l'avait annoncé Yahvé» (*II Rois*, XXIV, 13).

En 587 avant J.-C. (le 9 du quatrième mois, en juin-juillet), les Babyloniens de Nabuchodonosor firent une «brèche...au rempart de la ville. Alors tous les hommes de guerre s'échappèrent de nuit par la porte entre les deux murs, qui est près du jardin du roi — les Chaldéens cernaient la ville — et ils prirent le chemin de la Araba. Les troupes chaldéennes poursuivirent le roi et l'atteignirent dans les plaines de Jéricho...» (*II Rois*, XXV, 4-5). Toujours en 587 (mais le 7 du 5ᵉ mois) : Le commandant de la garde de Nabuchodonosor entra à Jérusalem. «Il incendia le Temple de Yahvé, le palais royal et toutes les maisons de Jérusalem» (*II Rois*, XXV, 9). «Les Chaldéens brisèrent les colonnes de bronze du Temple de Yahvé, les bases roulantes et la Mer de bronze qui étaient dans le Temple de Yahvé, et ils en emportèrent le bronze à Babylone. Ils prirent aussi les vases à cendres, les pelles, les couteaux, les navettes et tous les ustensiles de bronze qui servaient au culte. Le commandant de la garde prit les encensoirs et les coupes d'aspersion, tout ce qui était en or et tout ce qui était en argent» (*II Rois*, XXV, 13-15).

Ces chapitres des livres des *Rois* ne font nulle mention de l'Arche d'Alliance, du sort qui avait pu être le sien au cours de ces événements dramatiques de 597 et de 587. Quant aux livres des *Chroniques*, leur dernier chapitre, qui résume ces événements, ne mentionne que, globalement : «Le mobilier du Temple de Yahvé», «le mobilier précieux» de ce Temple, «tous les objets du Temple de Dieu, grands et petits, les trésors du Temple, les trésors du roi et de ses officiers», qui sont emportés à Babylone.

En conséquence, *La Bible de Jérusalem*, en note à *Jérémie*, III, 16 : «Et quand vous vous serez multipliés et que vous aurez fructifié dans le pays, en ces jours-là — oracle de Yahvé — on ne dira plus : "Arche de l'alliance de Yahvé"; on n'y pensera plus, on ne s'en souviendra plus, on ne s'en préoccupera plus, on n'en construira plus d'autre», écrit : «L'arche dut être brûlée en 587 par les Chaldéens. Mais la Jérusalem future sera toute entière le "trône de Yahvé" comme était l'arche» (p. 1377).

Pourtant, on lit, en *II Maccabées*, II, 4-8 — texte, n'appartenant pas au canon de la Bible hébraïque, plus récent que Jérémie d'un demi-millénaire —, au sujet d'*un écrit inconnu* de ce prophète (*cf. Maccabées*, II, 1) : «Il y avait dans cet écrit que, averti par un oracle, le prophète se fit accompagner par la tente ["la Tente du Rendez-Vous" entre Dieu et Moïse, *cf. Exode* XXXIII, 7] et l'arche, lorsqu'il se rendit à la montagne où Moïse, étant monté, contempla l'héritage de Dieu. Arrivé là [au mont Nébo], Jérémie trouva une habitation en forme de grotte et il y introduisit la tente, l'arche, l'autel des parfums, puis il en obstrua l'entrée. Quelques-uns de ses compagnons, étant venus ensuite pour marquer le chemin par des signes, ne purent le retrouver. Ce qu'apprenant, Jérémie leur fit des reproches : "Ce lieu sera inconnu, dit-il, jusqu'à ce que Dieu ait opéré le rassemblement de son peuple et lui ait fait miséricorde. Alors le Seigneur manifestera de nouveau ces objets, la gloire du Seigneur apparaîtra ainsi que la Nuée, comme elle se montra au temps de Moïse et quand Salomon pria pour que le saint lieu fût glorieusement consacré".»

Au début des renseignements contenus dans ce passage, *La Bible de Jérusalem* comporte cette note : «Jérémie a été l'une des grandes figures reconnues par le judaïsme, *cf.* [*II Maccabées*], XV, 13-15. On lui attribue les *Lamentations*, la lettre contre les idoles de *Baruch*, VI (Vulgate), plusieurs apocryphes [pseudépigraphes pour les protestants, selon lesquels les livres des *Maccabées* sont, quant à eux, des «apocryphes»]. L'un de ceux-ci, perdu pour nous, contenait les détails qui vont suivre. Ils ne sont pas conforme à l'histoire : la Tente n'existe plus depuis la construction du Temple de Salomon, l'arche a disparu lors de la destruction de ce Temple, et le Jérémie historique ne la regrette pas, *Jérémie*, III, 16. Mais l'intention du récit est d'affirmer, malgré l'absence de la Tente et de l'arche, la continuité du culte légitime, *cf.* I, 18, note, et de rattacher cette Dédicace [en décembre 164 avant J.C., après la persécution d'Antiochus Épiphane] à celle du premier Temple par Salomon et à celle de la Tente par Moïse, *cf.* les versets 8-12» (p. 767 de cette *Bible*). De fait, cette hypothèse — figurant dans un écrit inconnu de nous, rappelons-le — de la cachette de l'Arche d'Alliance soulève, notamment, les difficultés que voici. D'une part, dans le Temple du retour de l'Exil et dans celui d'Hérode, seul le grand prêtre et seulement le «Jour des Expiations» pouvait pénétrer dans le Saint des Saints (*cf.* : *Lévitique*, XVI, *Épître aux Hébreux*, IX, 7); s'il en avait été de même au temps du Temple de Salomon, cela aurait constitué une première difficulté pour la sortie de l'Arche de ce lieu. En tous cas, il en était ainsi à l'époque où fut rédigé *II Maccabées*, II, 4-8, et l'auteur de ce texte devait avoir connaissance des textes vétérotestamentaires, tel *Lévitique*, XVI, qui précise cette exclusivité rituelle censée remonter à Moïse et Aaron. D'autre part, toujours selon la *Bible*, le simple contact, même bien intentionné, avec l'Arche, était redoutable; ainsi, si l'on en croit *II Samuel*, VI, 6-7, Uzza ayant retenu l'Arche qui risquait de tomber mourut sur place, passage doté de la note suivante, dans *La Bible de Jérusalem* (p. 435) : «...Les Lévites eux-mêmes ne peuvent, sans danger de mort, s'approcher de l'arche avant qu'elle ne soit couverte par les prêtres, *Nombres*, IV, 5, 15, 20. Ils ne la touchent pas mais la portent avec des barres, *Exode*, XXV, 15.»

On le voit, une semblable expédition rapportée dans de telles conditions paraît, certes, appartenir au domaine des légendes !

Relevons que la mention de la «manne cachée» qui sera donnée aux chrétiens fidèles, selon *Apocalypse*, II, 17, est vraisemblablement inspirée par ce passage des *Maccabées*, car de la manne aurait été déposée dans l'arche, d'après l'*Épître aux Hébreux*, IX, 4. Et notons que le Temple du ciel contiendra l'arche, selon *Apocalypse*, XI, 19, l'arche «de l'alliance nouvelle», précise en note *La Bible de Jérusalem* (p. 2132). Ajoutons qu'en note à *Sagesse*, XVI, 20, la même *Bible* écrit : «La manne "pain des anges", *Psaume 78, 25*, ou "pain du ciel"», *Psaume 105, 40*» (p. 1161), ces deux notions figurant dans ce verset de la *Sagesse*; quant à la seconde, on la retrouve en Jean, VI, 31, verset que *La Bible de Jérusalem* dote de la note suivante : «La manne d'*Exode*, VI, 1, note [au début de ce chapitre], était regardée comme la nourriture du peuple messianique, *Psaumes 78*, 23-24; *105*, 40; Sagesse, XVI, 20-22, note» (p. 1830).

Signalons enfin qu'en note à *Exode*, XXV, 10, *La Bible de Jérusalem* propose cette autre hypothèse, à propos de l'Arche d'Alliance : «Elle a disparu lors de la ruine de Jérusalem (ou peut-être dès le règne impie de Manassé) et ne fut pas refaite, *cf. Jérémie*, III, 16» (p. 139).

En tous cas, elle ne figurait plus dans les Temples postexiliques de Jérusalem.

Notes

31. *Cf.* M.Mallowan, «Samaria and Calah-Nimrud: Conjunctions in History and Archaeology», dans *Archaeology in the Levant. Essays for Kathleen Kenyon*, Warminster, 1978, p. 158.

32. Sur cette maçonnerie, *cf.*: d'une part notre série de six articles parus, de 1973 à 1982 puis en 1990, dans la revue *Syria;* d'autre part notre article en anglais, intitulé «King Solomon's Wall still support the Temple Mount», dans la *Biblical Archaeology Review*, Washington, volume XIII, n° 3, mai-juin 1987, pp. 34-44; enfin, notre «Article liminaire» intitulé : «A-t-on dégagé des vestiges de l'enceinte du "Temple de Salomon" ?», dans l'*Annuaire de l'École pratique des Hautes Études* (V^e section-Sciences religieuses), tome C, 1986-1987, pp. 37-64; notre contribution, intitulée «Jérusalem : les fouilles dirigées par B. Mazar à proximité de l'enceinte du Haram esh-Shérif», à l'ouvrage collectif réalisé sous notre direction, *Archéologie, art et histoire de la Palestine* (colloque du centenaire de la Section des Sciences religieuses de l'École Pratique des Hautes Études, septembre 1986), Paris, 1988, Le Cerf, pp. 143 à 148, spécialement, en l'occurrence, pp. 146-147; et notre contribution, intitulée «L'étendue de Jérusalem à l'époque perse» à l'ouvrage collectif, déjà cité, *La Palestine à l'époque perse*, pp. 123 à 156 et spécialement, en l'occurrence, pp. 149 à 154.

33. *Cf. II Chroniques*, IV, 6.

34. Réservoir placé, sur l'esplanade commune au Temple et au Palais, «à distance du côté droit du Temple, au sud-est» (*cf. I Rois*, VII, 39).

35. Ici, Barrois avait conservé les unités de mesure israélites.

36. A.-G.Barrois, *Manuel d'Archéologie biblique*, tome II, Paris, éditions A. et J. Picard, 1953, p. 444. Ajoutons que 10 bassins circulaires de bronze, posés sur des supports rectangulaires également en bronze, munis de quatre roues et placés «cinq près du côté gauche du Temple et cinq près du côté droit du Temple», «pour y laver la victime de l'holocauste que l'on y purifiait», selon *II Chroniques* (*cf. I Rois*, VII, 27-39 et *II Chroniques, IV*, 6 et notes, textes corrompus et d'interprétation difficile).

37. *Cf.* H. Cazelles, «587 on 586 ?» dans *The Word of the Lord Shall Go Forth. Essays in Honor of David-Noel Freedman*, American Schools of Oriental Research. Special Volume Series, n° 1, Winona Lake, U.S.A., 1983, pp. 427-435; D.-J. Wiseman, *Nebuchadrezzar and Babylon*, The Scheich Lectures 1983, The British Academy, Oxford University Press, 1985, p. 37.

38. A. Parrot, *Le Temple de Jérusalem*, 2e édition revue et complétée, éditions Delachaux et Niestlé, Neuchâtel (Suisse), 1962, pp. 23-24.

39. *Cf. I Rois*, VIII, 12.

40. A. Parrot, *ibid.*, pp. 41-42.

41. Id., *ibid.*, p. 27.

42. C'est-à-dire les deux tables de pierre.

43. Et, ici, A.Parrot ajoute, en note (p.25, note 1): «Même renseignement (*II Chroniques*, III, 10-13) mais sous une forme plus compliquée.»

44. A. Parrot, *ibid.*, pp. 24-25.

45. Id., *ibid.*, p. 25.

46. Environ 12 mètres de haut avec leurs chapiteaux et 2 mètres de diamètre.

47. Chapiteaux en forme de fleurs ornés de guirlandes de grenades.

48. A.-G. Barrois, *ibid.*, pp. 437-438. Notons qu'une même orientation est donnée à ces deux colonnes par Abraham Negev, professeur à l'Université Hébraïque de Jérusalem, dans l'article «Temples» du *Dictionnaire archéologique de la Bible*, Fernand Hazan, Paris, 1970, p. 305, colonne 2.

49. Gudéa, gouverneur de la ville sumérienne de Lagash, au III\ millénaire avant notre ère.

50. A.-G. Barrois, *ibid.*, p. 438, note 1.

51. Id., *ibid.*, p. 438.

52. Ici, A.Parrot fait référence, en note, à *I Rois*, VI, 22, 30; *II Chroniques*, III, 5-7, dans *Le Temple de Jérusalem*, 2\ édition revue et complétée, éditions Delachaux et Niestlé, Neuchâtel (Suisse), 1962, p. 29, note 2.

53. Id., *ibid.*, p. 29. Et, ici, A.Parrot fait référence, dans la note 4, à *I Rois*, X, 14-15 et aussi *I Rois*, X, 10.

54. En revanche, «Dans le hékâl, se trouvaient divers accessoires cultuels (*I Rois*, VII, 48-50) : un autel d'or (= des parfums), la table des pains de proposition [«C'est sans doute "l'autel de cèdre", plaqué ou de *I Rois*, VI, 20 ? ", est-il indiqué, note 31], dix candélabres (cinq à gauche, cinq à droite), puis des ustensiles nombreux et variés : lampes, coupes, tasses, couteaux, bassins, brasiers, comme il en existait dans tous les sanctuaires contemporains où l'on célébrait un culte sacrificiel et qui, au moment des pillages, constituaient un butin apprécié» (A. Parrot, *ibid.*, p. 23). Ajoutons que, selon *II Chroniques*, VI, 13, «Salomon avait fait un socle de bronze», mesurant 1,50 mètres de haut sur une base carrée de 2,50 mètres de côté, posé «au milieu de la cour», socle-estrade sur lequel «Salomon monta» (*cf. II Rois*, XXIII, 3).

55. Ici, il est ajouté en note (note 5): «À l'image des temples syriens d'époque hellénistique ou romaine. Nous nous séparons ici du P. Vincent, *Revue Biblique*, 1907, p. 523, note 9.»

56. A. Parrot, *ibid.*, p. 29. Ici, il est indiqué en note (note 7): «Nous nous appuyons ici sur les constatations faites dans l'architecture du palais de Mari. et sur les habitudes orientales, toujours en vigueur.»

57. Et, ici, il est précisé en note (note 1): «Nous l'avons vérifié aussi à Mari, dans des constructions en briques crues, par exemple à la ziggurat d'Ur III (*Syria*, XXI, 1940, p. 24 et fig. 17). On peut aussi mentionner Megiddo, Jéricho, Beisân, Taïnat, Atchana, Carchemish, Sendjirli, Tarse (Vincent, *Jérusalem de l'Ancien Testament*, 11 [1956], pp. 384-385) et y ajouter encore Hazor.. Ces chaînages en bois étaient fort utiles contre les tremblements de terre.

58. Id., *ibid.*, p. 30.

59. Id., *ibid.*, p. 16.

60. *Cf.*, à ce propos : la note à ce verset dans cette *Bible*, et, aussi, A. Parrot, *ibid.*, pp. 32 et 35.

61. A. Parrot, *ibid.*, pp. 44-45. Ajoutons qu'en *II Rois*, XXIII,7, il est dit : «Il [Josias] démolit les maisons des prostitués sacrés, qui étaient dans le Temple de Yahvé»(même *Bible*).

CHAPITRE 2

Le Temple du retour de l'Exil

Du Deuxième Temple de Jérusalem construit — de 520 à 515 sous l'impulsion du grand prêtre Josué et du commissaire Zorobabel, et en accord avec les deux prophètes Aggée et Zacharie (*cf.*, spécialement : les livres bibliques d'*Esdras*, III, V, et VII; d'*Aggée*, I et II; de *Zacharie*, IV) — par les Juifs au retour de leur Exil en Babylonie, «nous savons bien peu de chose», comme l'a rappelé A. Parrot[62]. Il devait reprendre, pour l'essentiel, l'ordonnance du Temple de Salomon mais avec des dimensions moindres; à vrai dire, le texte étant altéré, on n'en connaît pas la longueur, et la largeur comme la hauteur aurait été de 30 mètres (*cf. Esdras*, VI, 3) ! Et il manquait le luxe du Premier Temple. Les survivants qui se souvenaient de celui-ci, faisant la comparaison, ne cachaient pas leur tristesse (*cf.* : *Esdras*, III, 12-13; *Aggée*, II, 3).

L'Arche d'Alliance avait disparu du Saint des Saints. Mais : «Il semble que le propitiatoire et les chérubins qui y sont attachés étaient, dans le Temple postexilique, le substitut de l'arche et des chérubins du Temple de Salomon. La description sacerdotale les a réunis, *cf.* verset 21», fait remarquer *La Bible de Jérusalem*, dans sa note au terme «propitiatoire» figurant en *Exode*, XXV, 17. Voici la description que l'on en lit en *Exode*, XXV, 17-22, dans la traduction de cette même *Bible*, passage où Dieu parle à Moïse: «Tu feras aussi un propitiatoire d'or pur, de deux coudées et demie de long et d'une coudée et demie de large. Tu feras deux chérubins[63] d'or repoussé, tu les feras aux deux extrémités du propitiatoire. Fais l'un des chérubins à une extrémité et l'autre chérubin à l'autre extrémité: ils feront les chérubins faisant corps avec le propitiatoire, à ses deux extrémités. Les chérubins auront les ailes déployées vers le haut et protégeront le propitiatoire de leurs ailes en se faisant face. Les faces des chérubins seront tournées vers le propitiatoire. Tu mettras le propitiatoire sur le dessus de l'arche, et tu mettras

[10]Quand les bâtisseurs eurent posé les fondations du sanctuaire de Yahvé, les prêtres en costume, avec des trompettes, ainsi que les lévites, fils d'Asaph, avec des cymbales, se présentèrent pour louer Yahvé, selon les prescriptions de David, roi d'Israël; [11]ils chantèrent à Yahvé louange et action de grâces : «Car il est bon, car éternel est son amour» pour Israël. Et le peuple tout entier poussait de grandes clameurs en louant Yahvé, parce que le Temple de Yahvé avait ses fondations. [12]Cependant, maints prêtres, maints lévites et chefs de famille, déjà âgés et qui avaient vu le premier Temple, pleuraient très fort tandis qu'on posait les fondations sous leurs yeux, mais beaucoup d'autres élevaient la voix en joyeuses clameurs. [13]Et nul ne pouvait distinguer le bruit des clameurs joyeuses du bruit des lamentations du peuple; car le peuple poussait d'immenses clameurs dont l'éclat se faisait entendre très loin.

(*Esdras*, III, 10-13)

Quel est parmi vous le survivant qui a vu ce Temple dans sa gloire passée ? Et comment le voyez-vous maintenant ? À vos yeux, n'est-il pas pareil à un rien ?

(*Aggée*, II, 3)

Et la Maison de Dieu sera, pour un temps, désolée et brûlée. [5]Puis de nouveau, Dieu en aura pitié, et il les ramènera au pays d'Israël. Ils rebâtiront sa Maison, moins belle que la première, en attendant que les temps soient révolus. Mais alors, tous revenus de leur captivité, ils rebâtiront Jérusalem dans sa magnificence, et en elle la Maison de Dieu sera rebâtie, comme l'ont annoncé les prophètes d'Israël.

(*Tobie*, XIX, 4-5)

dans l'arche le Témoignage que je te donnerai[64]. C'est là que je te rencontrerai. C'est de sur le propitiatoire, d'entre les deux chérubins qui sont sur l'arche du Témoignage, que je te donnerai mes ordres pour les Israélites.»

En ce qui concerne le *Hékâl*, un chandelier à sept branches (la *Ménorah*) y avait remplacé les dix candélabres de Salomon.

Quant aux deux colonnes de bronze, lors de la prise de Jérusalem par Nabuchodonosor, en 587 avant notre ère, elles avaient été brisées par les Babyloniens qui en avaient emporté les morceaux (*cf. II Rois*, XXV, 13), ainsi que ceux de la Mer de bronze et des bassins, avec «tous les ustensiles de bronze qui servaient au culte» et «tout ce qui était en or et tout ce qui était en argent» (*II Rois*, XXV, 14 et 15 ; et *cf.*, déjà, *II Rois*, XXIV, 13).

Notons que la grande esplanade salomonienne, sous l'influence de l'idée de sainteté rituelle défendue par Ézéchiel (*cf. Ézéchiel*, XL-XLIV), fut divisée en deux cours : une «extérieure» où tout le monde était admis, l'autre «intérieure» où n'entraient que les Juifs en état de pureté lévitique. Ces travaux de construction auraient donc duré 5 ans : de 520 à 515 avant notre ère (*cf.* : *Esdras*, V, 1-2 et *Aggée*, I, 14-15, d'une part; *Esdras*, VI, 15, d'autre part).

À l'époque hellénistique, ce «Deuxième Temple», Temple du retour de l'Exil, devait être cruellement frappé, subissant pillage et même profanation. Ces événements sont ainsi résumés par André Parrot : «En 168 avant J.-C., le Séleucide Antiochus Épiphane occupa Jérusalem et, pénétrant dans le Temple, s'empara du chandelier à sept branches, de l'autel d'or et de tous les ustensiles précieux. Un an plus tard, le 15 décembre 167, il profanait le Temple de Jahvé en y installant "l'abomination de la désolation"»[65]. À ce propos, on lit dans *La Bible de Jérusalem*, en note à cette dernière expression de *I Maccabées*, I, 54 : «L'"Abomination de la désolation", *Daniel*, IX, 27; XI, 31, c'est l'autel de Baal Shamem ou Zeus Olympien, édifié sur le grand autel des holocaustes.» Ainsi, continue André Parrot : «Le sacrifice était à nouveau arrêté. Il reprit trois ans après, quand les insurgés vainqueurs eurent réoccupé Jérusalem et "purifié le Temple"[66]. L'autel païen fut détruit et l'ancien autel des holocaustes, démoli[67], parce que souillé. Un autre fut reconstruit, en pierres brutes, conformément à la Loi. Le sanctuaire fut restauré et réaménagé : chandelier à sept branches, autel des parfums, table des pains de proposition [*cf. I Maccabées*, IV, 49]. La façade du Temple fut ornée de couronnes d'or et d'écussons. Tous les bâtiments annexes furent restaurés. Le 25 décembre 164[68], on célébra la fête de la Dédicace du Temple purifié et ce souvenir fut dès lors rappelé chaque année (*Jean*, X, 22)»[69].

Notes

62. *Cf.* A. Parrot, *Le Temple de Jérusalem*, 2ᵉ édition revue et complétée, Neuchâtel (Suisse), 1962, p. 55.
63. À propos des «chérubins», *cf.*, ci-dessus, p. 48. «Les chérubins n'existaient pas dans le culte du désert. Ceux du Temple de Salomon ont disparu avec l'arche», est-il rappelé dans *La Bible de Jérusalem*, en note à *Exode*, XXV, 18.
64. Il s'agit du Décalogue écrit sur les deux tables de pierre (cf., *Exode*, XXXIV,1 et 27-28; *Deutéronome*, X, 4).
65. A. Parrot, *ibid.*, p. 58.
66. *Cf. I Maccabées*, IV, 36-59.
67. Et les pierres de cet autel furent «déposées sur la montagne de la Demeure en un endroit convenable, en attendant la venue d'un prophète qui se prononcerait à leur sujet» (*I Maccabées*, IV, 46 : même Bible).
68. Le 15 décembre 164, selon *La Bible de Jérusalem*, note à *II Maccabées*, X, 5. Cette fête de la Dédicace, en hébreu *Hanukka*, est l'une des plus récentes du calendrier d'Israël.
69. A. Parrot, *ibid.*, p. 58.

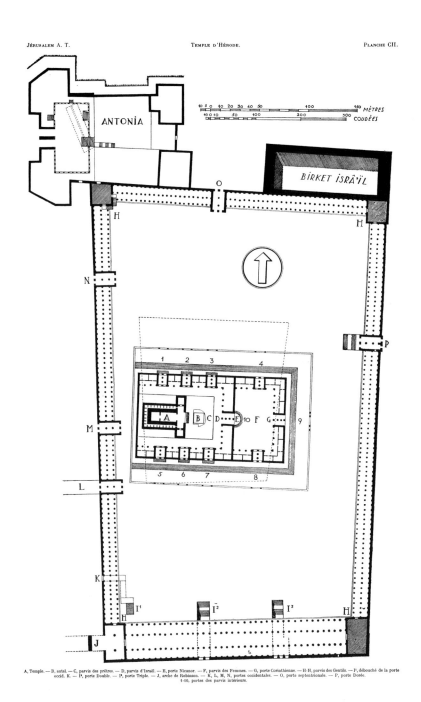

A, Temple. — B, autel. — C, parvis des prêtres. — D, parvis d'Israël. — E, porte Nicanor. — F, parvis des Femmes. — G, porte Corinthienne. — H-H, parvis des Gentils. — I¹, débouché de la porte occid. K. — I², porte Double. — I³, porte Triple. — J, arche de Robinson. — K, L, M, N, portes occidentales. — O, porte septentrionale. — P, porte Dorée. 1-10, portes des parvis intérieurs.

29. Le Temple d'Hérode. Plan proposé par les Pères dominicains Vincent et Stève.

CHAPITRE 3

Le Temple d'Hérode

Quant au «Troisième Temple», celui que construisit Hérode le Grand depuis la 18ᵉ année de son règne — soit en 20-19 avant notre ère—, il fut achevé, pour l'essentiel, dix ans plus tard — en l'an 9 de notre ère. Pourtant, les travaux le concernant se poursuivirent, avec diverses interruptions, jusqu'en l'année 64 de notre ère. Soulignons que c'est bien d'un troisième Temple qu'il s'agit là, selon les historiens et archéologues, si l'on tient notamment compte de l'importance des travaux réalisés par Hérode, alors que le Temple du retour de l'Exil n'avait été qu'une élémentaire, médiocre remise en état de celui de Salomon, on l'a vu — ceci, même s'il existe une réelle continuité théologique entre l'époque du «Deuxième Temple» et celle du «Troisième»[70].

Citons, une fois encore, André Parrot : «L'œuvre fut gigantesque, la plus considérable de toute l'architecture hérodienne. Au témoignage de Josèphe [*Antiquités Judaïques*, XV; *Guerre des Juifs*, V] qui, avec la *Mishna* [traité Middoth], constitue notre plus importante source d'information, la cour de l'ancien Temple fut presque doublée. Ce résultat fut atteint, à la fois en entaillant largement colline et rocher du côté du Bezétha [au nord] et, ce qui était plus malaisé, en gagnant du côté sud où, après remblaiement, de solides murailles de soutènement assurèrent l'établissement de l'esplanade»[71]. C'est ainsi – nous l'avons constaté à propos de la discontinuité visible dans le mur oriental du Haram esh-Shérif, à environ[72] 32 mètres au nord de l'angle sud-est de l'enceinte de celui-ci – que l'esplanade fut agrandie d'environ 32 mètres vers le sud, agrandissement où fut construit le «Portique royal» ou «Basilique», composé de 3 nefs et de quatre rangées de colonnes comptant 162 colonnes de dimensions considérables : environ 1,60 mètre de diamètre, la nef centrale, avec ses 33 mètres de haut, dominant l'ensemble. Ce portique abritait peut-être marchands et changeurs. C'est le

30. Restitution proposée par M. de Vogüé.

complexe de voûtes supportant cet agrandissement en compensant la déclivité du sol, qui est communément appelé «Écuries de Salomon». Sur les trois autres côtés de l'esplanade, les portiques — celui de l'est portant le nom de Salomon — ne comportaient que deux rangées de colonnes, des monolithes de 12,50 mètres de haut.

Et, au sujet des dimensions de l'enceinte sacrée, André Parrot relève les précisions suivantes : «L'ensemble du téménos avait environ 1380 mètres de périmètre. De forme trapézoïdale, il mesurait à l'ouest quelque 480 mètres, au nord, 300 mètres», ajoutant, en note : «Dimensions actuelles du Haram esh-Shérif : 491 m. (ouest), 462 m. (est), 310 m. (nord), 281 m. (sud)»[73].

L'esplanade générale portait le nom de «Parvis des Gentils», c'est-à-dire des païens. À l'intérieur de ce parvis, la zone sainte était édifiée sur une petite terrasse qu'entourait une balustrade de pierre haute d'environ 1,50 mètre. Celle-ci portait, de distance en distance, une inscription en latin et en grec interdisant aux étrangers de franchir cette limite, sous peine de mort. La zone ainsi réservée était, elle-même, strictement compartimentée : sa partie orientale était le «Parvis des Femmes»; le pourtour de sa partie occidentale constituait le «Parvis d'Israël», à l'intérieur duquel se trouvait le «Parvis des prêtres» entourant d'une part l'autel des Holocaustes, et, d'autre part, le Temple proprement dit.

Comme le souligne le célèbre orientaliste : «Dans son zèle, Hérode s'était efforcé de respecter l'ordonnance salomonienne, tout en y ajoutant la magnificence, à l'imitation des sanctuaires hellénistiques. On y retrouvait donc la distribution tripartite : *ulâm* (portique ou porche), *hékâl* (lieu saint), *debîr* (lieu très saint)» ; et, ici, il est ajouté en note : «La *Mishna* nous a gardé des indications chiffrées très précises, préférables souvent à celles que l'on trouve dans Josèphe et qui diffèrent parfois»[74]; les voici : «longueur totale : 50 m.; largeur, en façade : 50 m., en arrière : 35 m.; hauteur : 50 m.»[75]. Trois étages de petites salles, s'élevant à une hauteur de 20 mètres, enserraient ce Temple comme celui de Salomon. Dans le *Hékâl* il y avait : au centre, l'autel des parfums; à gauche, la table des pains de proposition; à droite, le chandellier à sept branches (la *Ménorah*).

Le Saint et le Saint des Saints étaient séparés non plus par une porte à «deux vantaux en bois d'olivier sauvage» (*I Rois*, VI, 32), comme dans le Temple de Salomon, mais par un rideau (*cf.* :

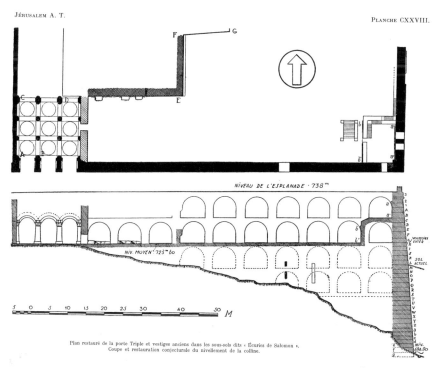

NIVEAU DE L'ESPLANADE · 738ᵐ

NIV. MOYEN · 725ᵐ 60

Plan restauré de la porte Triple et vestiges anciens dans les sous-sols dits « Écuries de Salomon ».
Coupe et restauration conjecturale du nivellement de la colline.

31 Plan et coupe concernant la «Porte Triple» et les «Écuries de Salomon», proposés par les Pères Vincent et Stève.

Page de gauche :
32 Les «Écuries de Salomon».
33. La base de retombée de la pile de l'«Arche de Robinson».

Page de droite :
33. À droite sur la photographie, le «Mur des Lamentations»; à gauche, «l'Arche de Wilson» (vue générale depuis le Sud-Ouest).
35. Le «Mur des Lamentations» (vue rapprochée prise de l'Ouest).

Exode, XXVI, 31-33 ; Matthieu, XXVII, 51 ; Marc, XV, 38 ; Luc, XXIII, 45). Seul le grand prêtre pouvait pénétrer dans le Saint des Saints, et, ce, seulement le «Jour des Expiations» (*cf.* : *Lévitique*, XVI et *Épître aux Hébreux*, IX, 7); cette situation semble concerner le «Deuxième» et le «Troisième Temple».

Nous avons vu que l'Arche d'Alliance avec ses deux chérubins, qui se trouvait dans le Saint des Saints du Temple de Salomon, n'avait pas repris sa place dans le «Deuxième Temple» — où elle avait été remplacée par le «Propitiatoire» avec ses deux chérubins particuliers. Celui-ci figurait-il encore dans le Temple d'Hérode ?

Huit portes faisaient communiquer la ville avec le Parvis extérieur ou «Parvis des Gentils» : deux au Sud, quatre à l'Ouest, une au Nord, une à l'Est. Elles ont été ainsi décrites par André Parrot : «Les deux portes Sud sont, dans la Mishna, dites de Hulda. La "porte double" est, dans ses parties essentielles, de l'époque hérodienne, de même que le vestibule intérieur à pilastres et à colonnes (situé actuellement sous la mosquée el-Aqsa) auquel elle donnait accès. La "porte triple" est une reconstruction byzantine d'une ancienne porte double, en relation avec les pseudo "écuries de Salomon" toutes proches… Par des passages couverts et en pente, aménagés sous le portique royal, on débouchait dans le parvis des Gentils. Une autre porte dite "simple", non loin de l'angle Sud-Est, est plutôt une poterne [76], en relation, elle aussi, avec les substructions dites "Écuries de Salomon".» Et André Parrot continue ainsi : «Quatre portes étaient percées sur la face Ouest, c'est à dire en direction de la ville neuve. À un peu plus de 82 mètres de l'angle S.-O., la première, dite "de Barclay" …Des autres, la plus importante fut sans doute celle dite "de Coponius"[77], point d'arrivée des deux rues principales de Jérusalem, tracées Est-Ouest et Nord-Sud. De ce côté, le Temple ne communiquait avec la Cité que par des sortes de viaducs, jetés par-dessus la vallée du Tyropéon et dont des éléments ont été retrouvés (arche de Wilson, arche de Robinson)»[78]. En ce qui concerne le dernier de ces points, relevons que plusieurs archéologues ont estimé, eux aussi, qu'à la place de ces deux arches se trouvaient deux ponts ou viaducs à l'époque d'Hérode. C'est le cas, notamment, de A.-G. Barrois et, dans un premier temps, de M. Avi-Yonah selon lequel, alors, Hérode «édifia un deuxième pont entre la Ville Haute et le Temple»[79]. Par la suite, celui-ci changea d'avis, écrivant (traduction de l'anglais) : «Il est maintenant clair qu'un seul pont franchissait la vallée du Tyropéon — celui de "l'Arche de Wilson"»[80]. C'est également l'opinion de D. Bahat et de J. Murphy O'Connor[81], opinion dominante depuis les dernières fouilles[82]. En revanche, M. Ben-Dov a estimé que «l'Arche de Wilson» comme «l'Arche de Robinson» n'avait qu'une seule arche à l'époque d'Hérode[83].

En ce qui concerne la porte dite «de Coponius», que nous avons vu A. Parrot situer à l'emplacement de l'actuelle Bab es-Silsilé, signalons que cette opinion est partagée, en particulier, par D. Bahat[84]. Par contre, selon d'autres archéologues, tel M. Ben-Dov[85], il conviendrait d'identifier la porte dite «de Coponius» à celle dite «de Barclay». Quant à la quatrième de ces portes occidentales, ce serait celle dite «de Warren», située à «environ 40 mètres au Nord de l'"Arche de Wilson"»[86].

Venons-en au troisième côté, toujours selon André Parrot : «Sur la face nord, du côté du Bézétha, une seule porte, appelée "Tadi", et, d'après la Mishna, hors d'usage. Enfin à l'Est, en direction du Cédron et face au mont des Oliviers, une porte, dite de Suse, aujourd'hui à l'emplacement de la porte Dorée [plus exactement : à l'emplacement de l'actuelle porte Dorée], qui, dans son état actuel, doit remonter aux premiers temps de l'Islam»[87], ou, peut-être, à la fin des temps byzantins[88], mais dont la substruction est vraisemblablement hérodienne. De ce côté oriental, en plus de cette porte dite «de Suse», aujourd'hui, donc, connue sous le nom de «Porte Dorée», il devait y en avoir une autre, percée dans le petit côté oriental du «Portique Royal» et dont il subsiste le départ d'une arche sur laquelle un escalier permettait de rejoindre les quartiers situés au sud du Temple ou la vallée du Cédron.

Quant aux portes faisant communiquer les parvis extérieur et intérieur, elles étaient au nombre de neuf : 4 au Nord, 4 au Sud, 1 à l'Est. Et André Parrot souligne que «Cette dernière était certainement la plus imposante. Ses immenses vantaux en bronze de Corinthe lui avaient valu le nom de "Porte Corinthienne"... À cette porte, comme à toutes les autres, on montait par cinq marches»[89]. Puis, ajoute-t-il, on accédait à «la cour des hommes ou d'Israël... surélevée de... 3,75 mètres par rapport à la cour des femmes, ... par six portes (3 au Nord, 3 au Sud) mais aussi par une septième, lorsqu'on arrivait du parvis des femmes. Celle-ci était une des plus importantes du Temple et le P. Abel l'identifie avec la porte de Nicanor, ce juif alexandrin qui en avait offert les battants rehaussés d'or et d'argent»[90]. Enfin, «par un portail à deux (ou à quatre) vantaux, masqué par un voile laineux brodé d'une carte céleste, ... on passait dans le lieu saint (*hékâl*)»[91].

Rappelons, encore, qu'Hérode avait fait construire, à l'angle N.-O. de l'esplanade du Temple, à l'emplacement de la petite forteresse asmonéenne dite «Bîrah» (ou «Baris» en grec), la puissante «Tour Antonia» — nom que lui donna Hérode en l'honneur du Romain Marc-Antoine. Deux escaliers permettaient d'accéder, depuis cette tour, au parvis des Gentils.

Informations fournies par les récentes fouilles archéologiques conduites à proximité de l'enceinte du Haram esh-Shérif.

Ces fouilles, qui ont été conduites par le professeur Benjamin Mazar, de l'Université Hébraïque de Jérusalem, s'étendent : d'une part, sur 80 mètres le long du mur occidental du Haram esh-Shérif, depuis l'angle sud-ouest de celui-ci; d'autre part, sur les 280 mètres de son mur méridional. Elles se sont poursuivies, presque sans relâche, depuis le 2 février 1968, pendant 10 ans[92].

Près du côté occidental de l'angle sud-ouest du Haram esh-Shérif, les fouilles ont fourni de précieuses indications au sujet des structures architecturales auxquelles appartenait «l'Arche de Robinson». Cette arche — qui enjambait la rue hérodienne, large de 13 mètres et pavée de grandes dalles en pierre blanche, conduisant de la forteresse Antonia, en longeant le mur occi-

36. Colonnes tombées de la «Basilique» hérodienne et réutilisées modestement.

37. La face méridional de l'angle sud-ouest du Haram esh-Shérif et la rue hérodienne (cliché B. Mazar, Jerusalem Revealed, Jérusalem, 1975, p. 34).

dental de l'enceinte du Temple, à la «Piscine» de Siloé — partait du milieu du petit côté occidental du «Portique royal», portique construit sur la partie méridionale, ajoutée par Hérode le Grand, à l'esplanade du Temple. Le pilier qui recevait la retombée de l'arche, à l'ouest, abritait quatre petites pièces, donnant sur la rue, qui durent servir d'échoppes, au cours du Ier siècle de notre ère, à l'intention de ceux qui se rendaient au Temple. Reposant sur cette arche, un escalier de taille imposante permettait d'atteindre, depuis la rue hérodienne, le «Portique royal» que précédait un vaste palier situé sur la voûte même de l'arche. L'escalier, que des paliers coupaient à intervalles réguliers, descendait d'abord vers l'ouest, puis vers le sud; il s'appuyait sur une succession d'arches, de plus en plus basses, dont une conservait encore, lors de son dégagement, ses marches. Au nord du pilier de retombée de l'arche, de nombreux vestiges de l'escalier hérodien, qui, depuis la rue longeant le mur occidental de l'enceinte du Temple, montait vers le sommet de la colline occidentale, ont probablement été reconnus. Cette disposition correspond à la description figurant dans les *Antiquités Judaïques* de Flavius Josèphe (en XV, XI, 5, § 410).

38. Fragment architectural tombé de la «Basilique» hérodienne.
39 Pierre inscrite tombée de la «Basilique» hérodienne.
(clichés B. Mazar, Jerusalem Revealed, Jérusalem, 1975, pp. 29 et. 35.)

Du côté du sud, près du même angle sud-ouest, les principaux résultats des fouilles sont les suivants. À l'époque hérodienne, une rue aux larges dalles de pierre longeait également le mur méridional de l'enceinte du Temple ; des marches élèvent, par paliers successifs, le niveau de cette rue d'ouest en est, jusqu'à ce que celui-ci ait atteint le niveau des seuils des portes ouvertes dans le mur méridional que longe cette rue, large d'en-

40. La «Porte Triple».

viron 7 mètres. À proximité de l'angle sud-ouest, là où la rue était à son plus bas niveau, les témoins architecturaux de la destruction du Temple d'Hérode et de la démolition de la partie supérieure de son enceinte étaient particulièrement nombreux. Parmi eux, citons une pierre mesurant encore 2, 50 mètres de long, bien que l'une de ses extrémités se soit brisée en tombant, et pesant environ huit tonnes. Benjamin Mazar était convaincu qu'il s'agissait, là, de la pierre d'angle du parapet; en effet, non seulement la face intérieure de cette pierre est creusée comme pour permettre à un homme de prendre place à cet endroit, mais, qui plus est, elle porte gravée, près du sommet de cet emplacement, une inscription hébraïque –en caractères de type «hérodien» — dont la fin a disparu avec l'extrémité de la pierre, inscription qui paraît indiquer que là se trouvait «l'emplacement pour la sonnerie de trompe»; le dernier mot conservé, dont seul, d'ailleurs, subsiste le début, semble pouvoir être traduit par : «pour annoncer». D'après une description de Josèphe figurant en *Guerre des Juifs*, IV, IX, 12, § 582, Mazar estime que l'on a vraisemblablement affaire, ici, à l'emplacement d'où l'un des prêtres sonnait de la trompe chaque vendredi soir pour annoncer le début du Sabbat, et chaque samedi soir pour en annoncer la fin. Notons, également, que le long et en contrebas de la rue hérodienne a été dégagée une place pavée.

41. Vestiges d'une voûte ayant supporté l'escalier conduisant à la «Porte Triple».
42. Vestiges d'un bâtiment situé entre les escaliers menant aux portes «Double» et «Triple» et renfermant citernes et bains.
43. Vestiges de tunnel passant sous la «Porte Triple».

44 Près de l'entrée du
«Tunnel du Rabbin
Guetz», une porte
antique dans le mur
occidental (porte «de
Coponius» ?).
45. Le «Tunnel» avec
les supports métal-
liques posés par les
ouvriers du rabbinat.

46 à 48. Au long du «Tunnel», maçonneries de style hérodien dans le mur occidental.

49. La «Porte de Warren» dans le mur occidental, devant laquelle le Rabbin Guetz avait installé son oratoire au plus proche de l'ancien sanctuaire juif.

50. Près de l'extrémité nord du «Tunnel», dans le mur ouest de celui-ci un escalier mène à une sortie.

51. À l'extrémité nord du «Tunnel», celui-ci aboutit à la «piscine double» du Strouthion sous le couvent des Dames de Sion.

Le chantier de fouilles de Benjamin Mazar le long du mur méri-
dional du Haram esh-Shérif.
Ci-dessus : 52 Partie occidentale vue de l'Ouest.
Page de droite : 53. Partie orientale vue du Sud.

54. Arc de Titus à Rome : bas-relief des dépouilles du Temple.
55. Arc de Titus : la «Ménôrah».

Page de droite :
56. La «Ménôrah», incisée dans le plâtre, trouvée par N. Avigad sur la «Colline occidentale» (cliché N. Avigad, The Upper City of Jerusalem, en hébreu, Jérusalem, 1980, p. 148, fig. 154).

Également du côté du sud, mais à l'est du mur turc ottoman — construit par Soliman le Magnifique, vers le milieu du XVIᵉ siècle, sur des vestiges byzantins —, mur qui, venant du sud, rejoint le mur méridional de l'enceinte du Temple à la hauteur de la «Porte Double» (la plus occidentale des trois portes percées dans ce mur méridional), a été dégagé un escalier, bien conservé, de l'époque d'Hérode le Grand, escalier montant vers la rue qui longe le mur méridional déjà évoqué. Cet escalier majestueux — que nos collègues israéliens ont estimé devoir remettre presque «à neuf», dans un souci touristique que nous estimons quelque peu excessif, vu l'intérêt historique présenté par ces vieilles marches que foulèrent, très vraisemblablement, d'illustres personnages — partait d'une place pavée déjà mentionnée, comprenait plusieurs paliers et desservait la «Porte Double». La «Porte Triple», située à l'est de la précédente dans le même mur méridional, était précédée, elle aussi, d'un escalier; celui-ci, plus petit que l'autre, aurait reposé sur une large voûte prenant en partie appui sur le rocher. Dans l'espace limité par ces deux escaliers, ont été mis au jour les vestiges d'un bâtiment qui renfermait des citernes mais aussi des bains ayant pu servir à la purification préalable à l'entrée dans l'enceinte du Temple.

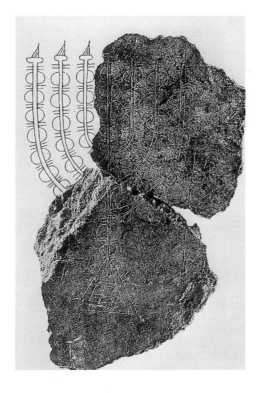

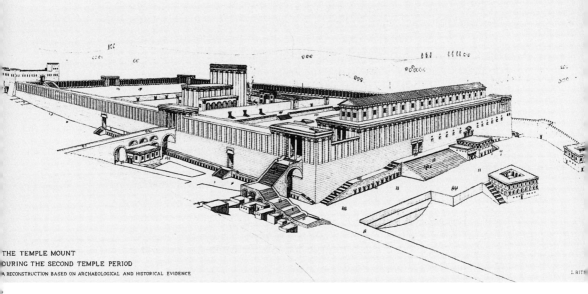

57. Le Temple d'Hérode vu du Sud-Ouest : restitution proposée par les archéologues israéliens.

Au-dessous de la «Porte Triple», des tunnels creusés dans le roc, et dans les parois desquels des niches avaient été préparées pour recevoir des lampes à huile destinées à éclairer le chemin, devaient, si l'on se reporte à la *Mishna*, permettre aux prêtres qui avaient accompli les rites de purification de pénétrer dans le Temple en évitant tout contact avec les infidèles.

Ces fouilles dirigées par Benjamin Mazar ont, de plus, prouvé que le mur méridional et la partie sud du mur occidental de l'enceinte du Temple d'Hérode (l'actuel Haram esh-Shérif) étaient construits, jusqu'au rocher, en pierres au style de taille typiquement hérodien. De même, le tunnel de dégagement que les autorités rabbiniques ont creusé, le long et à l'extérieur du mur occidental de cette enceinte — depuis l'«Arche de Wilson" jusqu'à l'»Antonia» —, permet de constater que les parties de ce mur ainsi dégagées, parfois également jusqu'au rocher, sont — mis à part certains éléments de maçonnerie plus récents — construites, elles aussi, en pierres de style de taille hérodien[93].

Comme l'a écrit M. Avi-Yonah, professeur d'Archéologie et d'Histoire de l'Art à l'Institut d'Archéologie de l'Université Hébraïque de Jérusalem[94] : «Les vestiges hérodiens ont dû à leur caractère massif de subsister en plus grand nombre. Ils comprennent essentiellement le mur de soubassement de l'esplanade du Temple (dont le mur occidental ou Mur des

Lamentations ne constitue qu'une partie). Il est formé d'immenses blocs de pierre (de 10 mètres de long parfois) réunis par des crampons, et se reconnaît rien qu'à la manière dont ces blocs ont été taillés : des surfaces rigoureusement planes avec de larges marges. L'appareillage en est des plus typiques : les blocs étaient placés en couches horizontales d'un mètre de haut environ[95] et, en raison de leur poids énorme, n'avaient pas besoin d'être assemblés au mortier.»

Pour en finir avec ce Temple, nous citerons ces lignes d'André Parrot : «Construit en une pierre d'une blancheur de neige, rehaussée de placages d'or, la toiture piquetée d'aiguilles dorées[96], le Temple d'Hérode était certainement une des merveilles de Jérusalem. On comprend l'admiration des contemporains, qui en arrivaient à prêter serment par l'or du sanctuaire (*Matthieu*, XXIII, 16)»[97].

En l'an 70, ce Temple, assiégé par les Romains de Titus, fut finalement incendié.

Notes

70. Parmi les archéologues et biblistes qui ont estimé que le Temple d'Hérode constituait un «troisième Temple», citons Kathleen M. Kenyon (*cf.* son ouvrage *Digging Up Jerusalem*, Londres et Tonbridge, Ernest Benn Limited, 1974, p. 176), et André Parrot (*cf. ibid.*, p. 78). Mais, comme l'a écrit Abraham Negev, professeur à l'Université Hébraïque de Jérusalem, dans l'article «Temples» du *Dictionnaire archéologique de la Bible*, Paris, Fernand Hazan, 1970, p. 306, colonne 1, à propos du Temple : «Il fut entièrement reconstruit par Hérode le Grand. À ce sujet, on notera que les Juifs ne distinguent pas le Temple d'Hérode de celui de Zorobabel : c'est toujours le Second Temple.»
71. A. Parrot, *Le Temple de Jérusalem,* 2ᵉ édition revue et complétée, Neuchâtel (Suisse), 1962, p. 62.
72. «Environ», car cette discontinuité marquant l'angle sud-est de l'enceinte de l'esplanade salomonienne n'est pas exactement parallèle à l'arête de l'angle sud-est de l'enceinte du Haram esh-Shérif, en raison des fruits (obliquités) différents des murs méridionaux de ces deux enceintes (*cf.*, ci-dessus, pp. 35-43).
73. A. Parrot, *ibid.*, p. 63 et la note 3 de cette même page.
74. Id*., ibid.*, pp. 72 et 74 (une figure occupant la p. 73), ainsi que la note 1 de la p. 74.
75. *Cf.*, Id*., ibid.*, p. 76, note 1.
76. Id*., ibid.*, pp. 64-65.
77. Et, ici, il est précisé en note (p. 65, note 2) : «Aujourd'hui, à l'emplacement de Bab es-Silsilé», porte qui donnait accès à «l'Arche de Wilson».
78. Id*., ibid.*, p. 65. Touchant «l'Arche de Robinson», *cf.* ci-dessous, nos pages concernant les «Informations fournies par les récentes fouilles archéologiques conduites à proximité de l'enceinte du Haram esh-shérif».
79. *Cf.* A.-G. Barrois, *Manuel d'Archéologie biblique*, tome II, A. & J. Picard et Cⁱᵉ, Paris, 1953, p. 451; M. Avi-Yonah, article «Jérusalem» du *Dictionnaire archéologique de la Bible*, Fernand Hazan, Paris, 1970, p. 162, colonne 1.
80. M. Avi-Yonah, article «Excavations in Jerusalem. Review and Evaluation», dans *Jerusalem Revealed. Archaeology in the Holy City 1968-1974*, The Israel

Exploration Society, Jérusalem, 1975, p. 22, colonne 2; *Id.*, article «Jerusalem» de l'*Encyclopedia of Archaeological Excavations in the Holy Land*, volume II, Prentice- Hall, Inc., Englewood Cliffs, N. J., 1976, p. 606, colonne 2.

81. *Cf.* D. Bahat, *The Illustrated Atlas of Jerusalem*, Carta, Jérusalem, 1990, le plan de la p. 35 et les deux plans de la page 42 avec leur texte; J. Murphy O'Connor, «Le Temple de Jérusalem de Salomon à Hérode» dans *Le Monde de la Bible*, n° 113, septembre-octobre 1998, p. 39, colonne 1 et le plan inférieur, p. 41, les deux plans inférieurs.

82. *Cf.*, ci-dessous, nos pages concernant ces fouilles.

83. *Cf.* M. Ben-Dov, *In the Shadow of the Temple. The Discovery of Ancient Jerusalem*, Keter Publishing House, Jérusalem, 1985, p. 178. Cet archéologue a notamment assisté B. Mazar dans les fouilles que celui-ci a conduites au pied du mur méridional et autour de l'angle S.-O. du Haram esh-Shérif.

84. *Cf.* D. Bahat, *ibid.*, les plans des pages 38 et 39 ainsi que le plan inférieur de la p. 42.

85. *Cf.* M. Ben-Dov, *ibid.*, pp. 140-141.

86. Id*., ibid.*, p. 145; cf. M. Avi-Yonah, article «Jérusalem» de l'*Encyclopedia...*, le plan de la page 598 (*cf.* celui de la p. 604); D. Bahat, *ibid.*, le plan de la p. 35, le plan inférieur de la p. 48 (*cf.* le plan supérieur de la p. 42); *id.*, *Carta's Historical Atlas of Jerusalem. A brief illustrated Survey*, Carta, Jérusalem, 1973, les plans des pages 13 et 14 (*cf.* celui de la p. 15); J. Murphy O'Connor, *ibid.*, p. 39, colonne 1, et les deux plans inférieurs de la p. 41.

87. A. Parrot, *ibid.*, p. 65.

88. *Cf.* N. Avigad,«The Architecture in the Second Temple Period», dans *Jerusalem Revealed...,* p. 17, colonne 1; A.-G. Barrois, *ibid.*, p. 451; J. Murphy O'Connor, *Guide archéologique de Terre Sainte*, Denoël, Paris, 1982, p. 89. Ajoutons que B. Mazar, *The Mountain of the Lord*, Doubleday & Company, Inc., Garden City, New York, 1975, p. 148, refuse cette identification et estime que l'on ignore encore l'emplacement de la porte de Suse.

89. A. Parrot, *ibid.*, pp. 69 et 70.

90. Id*., ibid.*, pp. 70-71. Notons que le R.P. dominicain F.-M. Abel enseigna l'Histoire et la Géographie de la Palestine à l'École biblique et archéologique française de Jérusalem.

91. Id*., ibid.*, p. 74.

92. *Cf.* en particulier, sur ces fouilles : B. Mazar, «The Archaeological Excavations near the Temple Mount», dans *Jerusalem Revealed. Archaeology in the Holy City 1968-1974*, The Israel Exploration Society, Jérusalem, 1975, pp. 25 à 40; id., *The Mountain of the Lord*, Doubleday & Company, Inc., Garden city, New York, 1975, divers passages; Meir Ben-Dov, *In the Shadow of the Temple. The Discovery of Ancient Jerusalem*, Keter Publishing House, Jérusalem, 1985, divers passages. *Cf.* aussi notre contribution intitulée "Jérusalem : les fouilles dirigées par B. Mazar à proximité de l'enceinte du Haram esh-Shérif», dans l'ouvrage collectif réalisé sous notre direction, *Archéologie, art et histoire de la Palestine* (Colloque du Centenaire de la section des Sciences religieuses de l'École Pratique des Hautes Études, septembre 1986), Paris, 1988, éditions du Cerf, pp. 143 à 148, en l'occurrence spécialement pp. 143 à 146.

93. *Cf.*, à ce propos, ci-dessus p. 35.

94. M. Avi-Yonah, article "Jérusalem" du Dictionnaire archéologique de la Bible, p. 163, colonne 2.

95. Nous dirions, plutôt, d'environ 1,10 mètre de haut.

96. «Pour empêcher les oiseaux de s'y poser, donc de le souiller», est-il précisé en note (p. 75, note 4).

97. A. Parrot, *ibid.*, pp. 75-76.

CHAPITRE 4

Les rudiments d'un temple ont-ils été construits par Bar-Kokhba ?

Une telle construction est encore fortement contestée par quelques chercheurs. Pourtant, la plupart des spécialistes de l'histoire ancienne de la Palestine — tels M. Avi-Yonah, Ben-Zion Luria, B. Mazar, Y. Meshorer ou Y. Yadin, d'une part, le R.P. Abel, A. Caquot, J.-T. Milik, A. Parrot, Christiane Saulnier, J. Starcky ou le R. P. de Vaux, d'autre part, pour nous en tenir à des auteurs israéliens ou français ayant traité de cette question postérieurement aux découvertes, concernant la Seconde Révolte juive, effectuées tant par des équipes israéliennes que par une équipe franco-jordanienne dans des grottes creusées dans des versants d'oueds du Désert de Juda — ont estimé que Jérusalem était tombée aux mains des hommes de Bar-Kokhba pendant la Seconde Révolte Juive (132-135 de notre ère). C'est ainsi que M. Avi-Yonah, professeur à l'Université Hébraïque de Jérusalem et l'un des plus prestigieux archéologues et historiens israéliens, a écrit : «Jérusalem sera de nouveau occupée par les Juifs lors de la Seconde Révolte animée par Simon Bar Kokhéba; ils s'y maintiendront pendant deux ans (132-134)»[98]. Et, en toute logique, cette opinion conduisait à faire l'hypothèse que Bar-Kokhba «présida à une restauration éphémère de l'ancienne religion», qu'ainsi «le sacerdoce fut rétabli et les sacrifices reprirent jusqu'à ce que l'insurrection fût noyée dans le sang par les Romains», comme l'a écrit A. Caquot[99]. Cela suppose que le chef de la Seconde Révolte juive avait restauré, avec l'autel des sacrifices, les rudiments d'un Temple : le quatrième Temple de Jérusalem.

Pourtant, un éminent numismate, Léo Mildenberg, a contesté cette opinion, en s'appuyant sur le témoignage des monnaies ou, plutôt, sur l'absence de leur témoignage en faveur d'une prise de contrôle de Jérusalem par les révoltés de Bar-Kokhba, essentiellement donc sur l'argument *a silentio* les concernant : aucune monnaie ne semblant avoir été trouvée à Jérusalem ni dans des sites au nord de cette ville, et les découvertes de trésors effectuées en Judée paraissant indiquer les limites du territoire contrôlé par le chef juif[100].

En conséquence, nous avons été amené à reprendre l'examen de ce problème, que nous avons évoqué dès 1961[101]. Voici, brièvement présentées, deux séries d'arguments qui méritent, nous semble-t-il, d'être pris en compte dans ce débat.

A. La première série de ces arguments, plus générale, se situe dans le cadre de l'argument *a silentio* avancé par Léo Mildenberg :

1. Il n'y a malheureusement pas eu un Flavius Josèphe de la Seconde Révolte juive, et le témoignage de la tradition littéraire, au sujet de celle-ci, est quelque peu incertain. Nous connaissons le déroulement de cette révolte surtout à partir des documents récemment découverts dans des grottes du «Désert de Juda», où les révoltés les avaient apportés avec eux en se repliant avant d'être capturés par les troupes romaines ou de périr.

Il n'est donc pas surprenant que ces documents, à part quelques archives, concernent essentiellement l'époque où les révoltés s'étaient ainsi repliés sur le «Désert de Juda», d'une part, et, d'autre part, le territoire qu'ils contrôlaient encore à cette époque — finale qui rappelle celle de la Première Révolte juive.

2. Si Bar-Kokhba n'avait guère contrôlé, durant toute sa révolte, que le «Désert de Juda» et ses abords, la guerre aurait-elle duré si longtemps, nécessitant l'emploi, par les Romains, de moyens aussi importants que ceux qui semblent pouvoir être déduits des informations fournies par nos sources, Bar-Kokhba aurait-il eu de telles ressources ? [102]

3. Ne se pourrait-il pas qu'après de premiers durs accrochages, les Romains, un peu comme au début de la Première Révolte juive, aient décidé de se replier vers la côte et vers la Syrie — dans l'attente de renforts ? Jérusalem aurait ainsi été libérée.

4. Léo Mildenberg fait reposer son hypothèse notamment sur l'absence de monnaies de la Seconde Révolte dans l'énumération qu'a faite Nahman Avigad des découvertes de monnaie réalisées durant ses fouilles du «Quartier juif» de Jérusalem, cela dans un opuscule paru en 1976[103].

Or, dans la même énumération, le professeur Avigad ne signale pas non plus avoir découvert de monnaies romaines autres que celles de Procurateurs — alors que les Romains, après la prise de Jérusalem en 70, ont occupé plusieurs quartiers voisins de ce «Quartier juif», créant *Aelia Capitolina* à la veille de la Seconde Révolte; et il y avait une population juive à Jérusalem jusqu'alors. Qui plus est, Nahman Avigad a signalé que, dans ce «Quartier juif», les vestiges byzantins reposaient toujours directement sur le niveau de destruction de 70, sans présence d'une couche romaine[104].

Ajoutons qu'il se pourrait qu'il n'y ait pas eu de bataille à Jérusalem pendant la Seconde Révolte : les Romains au début de la révolte et les révoltés vers la fin de celle-ci l'auraient ainsi évacuée sans combat — les derniers instruits par l'exemple de l'échec final de la défense de Jérusalem en 70 —, ce qui aurait éliminé de nombreuses occasions de perte de pièces de monnaie.

5. Enfin, nous relèverons les différences suivantes, selon la date d'émission de la monnaie, que l'on constate dans le texte de la légende de chaque monnaie de la Seconde Révolte — telles que Léo Mildenberg lui-même les indique, dans le tableau intitulé «Chronology of Events» de son ouvrage de la collection Typos[105] :

«132 Outbreak of the Bar Kokhba War in Judaea and beginning of the new Jewish era "Year One of the Redemption of Israel" (late summer)
«133 "Year 2 of the Freedom of Israel"
«134 Presumable date of the consular general Julius Severus' arrival in the war theatre
«134-135 Use of the coin legend "For the Freedom of Jerusalem"
«135 End of the Bar Kokhba War (late autumn).»

Si l'on tient compte de l'importance que les auteurs de ces monnaies semblent avoir attachée au texte de leurs légendes, comme en témoignent notamment, parmi certaines atypiques, celles surchargées, selon la présentation qui en a également été faite en langue anglaise : «Year One of the Redemption [לגאלת] of Israel» / «Year 2 of the Freedom [לחרות]» of Israel — légendes dans lesquelles on constate que la surcharge porte non seulement sur le numéro de l'année, mais, aussi, sur la distinction entre «Délivrance [autre traduction possible : "Libération"] d'Israël» et «Liberté d'Israël» — on considérera que c'est à bon droit que l'on a pu voir, dans ces trois légendes différentes, les témoins de modifications intervenues dans la situation des révoltés :

— Les monnaies de la première année de la révolte («Libération d'Israël») et de la deuxième année («Liberté d'Israël»), témoignant d'un souci global à l'égard du pays, sans attention particulière à la situation de Jérusalem.

— Les monnaies plus récentes[106] — non datées — («Pour la Liberté de Jérusalem»), témoignant d'un souci particulier à l'égard de Jérusalem, ce qui serait d'autant plus compréhensible si, alors, les Romains avaient repris la ville — situation que souligne la traduction de la préposition hébraïque «ל», qui commence cette légende, par les prépositions anglaise «for» et française «pour» adoptées, respectivement, par Léo Mildenberg et d'autres aussi (tels : Ya'akov Meshorer et le R. P. F.-M. Abel); notons que dans un article de Yigael Yadin, paru en langue française, figure cette légende transcrite en caractères latins (*«leherut yerushalayim»*) et ainsi traduite en français : «pour la libération [à corriger en : "pour la liberté"] de Jérusalem»[107]; mais, ajoutons que, dans d'autres publications, Y. Yadin a traduit cette même légende figurant sur des monnaies de la Seconde Révolte : «of the Freedom of Jérusalem»[108] — et c'est, d'ailleurs, de cette manière («of» ou «de») qu'a été traduite, respectivement en anglais et en français, cette préposition hébraïque «ל» se trouvant d'une part dans des légendes plus complètes (commençant par la mention du numéro de l'année, comme dans le tableau de Léo Mildenberg reproduit ci-dessus) de monnaies de la Seconde Révolte, d'autre part, dans un semblable contexte de datation (référence à l'année et à l'ère de la «Libération» ou de la «Liberté»), au début de nombre de documents, déjà évoqués, trouvés dans des grottes du «Désert de Juda.

B. La seconde série de ces arguments tend à contredire l'argument *a silentio* avancé par Léo Mildenberg. Il s'agit, d'une part, des nombreuses découvertes archéologiques, et plus particulièrement numismatiques, concernant la Seconde Révolte, effectuées au cours des dernières années; il s'agit aussi, d'autre part, de références à Jérusalem figurant dans certains des documents provenant de grottes du «Désert de Juda» :

1. Présentons donc, brièvement, quelques-unes de ces découvertes effectuées à Jérusalem ou même dans quelques endroits plus septentrionaux :

— Divers témoignages archéologiques de l'occupation par des maquisards de la Seconde Révolte ont été reconnus, notamment : à Ketef Yericho[109], dans le Wadi Fara[110], dans le Nahal Mikhmas[111].

— Des monnaies de Bar-Kokhba ont été découvertes : une monnaie dans une grotte du Wadi el-Mâckûk (à 7 km à l'est de

Mikhmas)[112], des monnaies et un atelier monétaire mobile à Khirbet el-'Aqd (près d'Emmaüs/Canada Park)[113] — cette dernière découverte confirmant celle, antérieure, d'au moins quatre monnaies de Bar-Kokhba à cet endroit[114] —, une monnaie dans une grotte du Wadi Dâliyeh (à une trentaine de Kilomètres au nord-est de Jérusalem)[115].

— À Jérusalem même, deux monnaies de Bar-Kokhba sont sorties des fouilles conduites dans la Vieille Ville, au sud-ouest du Haram esh-Shérif [116]; comme l'a souligné A. Lemaire : «bien que cette dernière découverte ait été quelque peu minimisée par D. Barag ("possibly brought there as souvenirs by Roman Soldiers"), elle doit être, aujourd'hui, replacée dans le contexte général de la découverte récente de monnaies de Bar-Kokhba au nord de Jérusalem»[117].

2. Relevons, maintenant, des références particulières à Jérusalem figurant dans des documents provenant de grottes du «Désert de Juda» :

— Il s'agit, d'abord, de la mention, au début de l'un de ces documents, de «l'an trois de la Liberté de Jérusalem»; en note à cette mention, J.-T. Milik, l'éditeur de ce document — qui porte le n°25 dans la publication officielle des textes provenant des grottes de Murabba'ât, où il est intitulé «Acte de vente de terrain» —, précise ceci :

«לחרות ירושלם semble unique dans les lots de la Seconde Révolte, mais il se trouve souvent sur les monnaies»[118].

— Il s'agit, ensuite, de l'indication, fournie par deux de ces documents — qui, respectivement, portent les n° 29 et 30, et sont intitulés «Acte de vente» et «Acte de vente d'un terrain», dans la même publication —, du lieu de leur origine : Jérusalem, alors qu'ils sont datés de l'«an deux» et de l'«an quatre de la Libération d'Israël»; leur éditeur, J.-T. Milik, a cru pouvoir doter ces deux textes d'un commentaire final intitulé «Addendum aux n° 29 et 30», que voici : «En 29 recto ligne 9, et 30 ligne 8, j'avais d'abord lu le toponyme יר(ו)שלים, mais le šin m'a ensuite paru trop incertain. Après une dernière révision je préfère y revenir et j'adopte : 29 recto 9 (cf. ligne 1) et 30, 8 בירשלים; 29 recto 11 (cf. 1) בר אוטרפלוס מירשלים. Certains des contractants sont donc originaires de Jérusalem, et c'est là que furent rédigés ces actes. On pourra noter la date du second : «21 Tišri an 4 de la Libération d' Israël»; jusqu'à l'automne de 134 Jérusalem était donc aux mains des rebelles de Ben Kosba»[119]. Après avoir signalé que Y. Yadin, à propos des empreintes de sceaux de Bar-Kokhba alors connus, citant ce document n° 29 et la date qu'il porte, a adopté, à la ligne 9 du recto, la restitution «Jérusalem»[120], nous nous arrêterons à cette date de «l'automne de 134» indiquée par J.-T. Milik comme date de rédaction, «à Jérusalem», du document n° 30.

— De l'étude du document 24 B de Murabba'ât, J.-T. Milik a estimé pouvoir conclure ceci, concernant le début de la Seconde Révolte : «Le début de l'ère de la Liberté se place donc au premier Tišri 131. Cette date corrige légèrement celle communément admise : 132»[121]. À cette conclusion, Y. Yadin répond, après avoir critiqué les arguments présentés par J.-T. Milik : «This contradicted the accepted reckoning of the Bar-Kokhba years, which most scolars believed to have begun at AD 132-3. Thus Milik's conclusion could have been an important discovery, were it not for the fact that he regrettably counted incorrectly, as noticed by several scholars»[122].

Ce document aurait-il, alors, été rédigé «à Jérusalem» à l'automne de l'année 135 ? Que les Juifs révoltés aient encore contrôlé Jérusalem à une date aussi tardive, remettrait en cause la chronologie généralement admise pour les derniers épisodes de la Seconde Révolte.

Quoiqu'il en soit de la solution qu'il convienne de proposer pour résoudre ces problèmes touchant le document 30 de Murabba'ât, nous constaterons l'accord de Milik et de Yadin, notamment, pour situer la rédaction du document 29 de Murabba'ât «à Jérusalem», et, ce : «Le quatorze Elul, an deux de la Libération d'Israël»[123].

Ainsi, l'argument *a silentio*, rappelé précédemment, a lui-même disparu, ce qui va dans le sens de cette hypothèse concernant les rapports de Bar-Kokhba avec Jérusalem : Bar-Kokhba, qui avait pris le contrôle de Jérusalem, y restaura, avec l'autel des sacrifices, les rudiments d'un Temple — ce fut le quatrième Temple de Yahweh à Jérusalem.

Notes

98. M. Avi-Yonah, article «Jérusalem», dans le *Dictionnaire archéologique de la Bible*, Paris, Fernand Hazan, 1970, p. 162, colonne 2.
99. A. Caquot, «Le judaïsme depuis la captivité de Babylone jusqu'à la révolte de Bar-Kokheba», dans *Histoire des Religions*, Encyclopédie de la Pléiade, II, Paris, 1972, p. 182.
100. *Cf.* L. Mildenberg : «Bar Kochba in Jerusalem ?», dans *Schweizer Münsblätter – Gazette Numismatique suisse*, 105 (1977), pp. 1-6; «Bar Kokhba Coins and Documents», dans *Harvard Studies in Classical Philology*, 84, (1980), pp. 311-335; «The Bar Kokhba War in the Light of the Coins and Documents Finds 1947-1982», dans *Israel Numismatic Journal*, vol 8, n°s 194-195, pp. 27-32; *The Coinage of the Bar Kokhba War* (Typos, tome VI), 1984, pp. 78 et 85.

101. *Cf.* notamment, à ce propos, notre ouvrage intitulé *Qoumrân. L'établissement essénien des bords de la mer Morte...*, pp. 141-147; et notre article «A propos du Maître de justice et du Temple de Jérusalem : deux problèmes de nombre», dans la *Revue de Qumrân*, tome 15, fasc. 1-2, n°ˢ 57-58, septembre 1991, en l'occurrence pp. 267 à 274.

102. *Cf.* notamment, à ce propos, le récent ouvrage de Christiane Saulnier, *Histoire d'Israël. III. De la conquête d'Alexandre à la destruction du Temple (331a.C.-135 a.D.)*, Paris, 1985, pp. 342-343.

103. *Cf.* N. Avigad, *Archaeological Discoveries in the Jewish Quarter of Jerusalem*, Jérusalem, 1976, pp. 24-25.

104. *Cf.* Id.*, Discovering Jetrusalem*, Oxford, 1980, p. 207. C'est ainsi qu'un *cardo* romain n'a pas été découvert sous le byzantin. Rappelons que plusieurs quartiers chrétiens ou musulmans, dans la «Vieille Ville», en recouvrent encore de plus anciens.

105. L. Mildenberg, *The Coinage of the Bar Kokhba War*, p. 15.

106. Selon, notamment, le tableau de L. Mildenberg reproduit ci dessus.

107. Y. Yadin, «Les repaires de Bar Kokhéba», dans *Bible et Terre Sainte*, n° 33 (1960), p. 10. Il s'agit, en l'occurrence, de la légende portée par une monnaie de la Seconde Révolte, trouvée par les Israéliens pendant la fouille de la «Grotte des Lettres» du Nahal Hever.

108. *Cf.* par exemple, sur ce point, Id., *The Finds from the Bar Kokhba Period in the Cave of Letters*, Jérusalem, 1963, pp. 91-92, et *cf.* Plate 31 (il s'agit, ici, de deux monnaies trouvées pendant la fouille de la «Grotte des Lettres», dont celle-ci mentionnée dans la note précédente); *Bar Kokhba. The rediscovery of the legendary hero of the Second Jewish Revolt against Rome*, Londres et Jérusalem, 1971, p. 27, et *cf.*, de même, les légendes de monnaies, *ibid.*, pp. 24 et 25.

109. *Cf.* H. Eshel, «Finds and Documents from a Cave at Ketef-Yericho», dans *Qadmoniot*, 21 (1988), pp. 18-23, spécialement p. 23.

110. *Cf.* J. Patrich, «The Cave-Encampment of Simon Bar-Giora in the Ravine Called Pheretae», dans *Proceedings of the Ninth World Congress of Jewish Studies. B. I. The History of the Jewish Poeple*, Jérusalem, 1986, pp. 21-26, spécialement p. 23.

111. *Cf.* Id., «Caves of Refuge and Jewish Inscriptions on the Cliffs of Nahal Michmas», dans *N. Avigad Volume. Eretz Israël*, 18, Jérusalem, 1985, pp. 153-166; *cf.* aussi, «Jewish Caves of Refuge in the Cliffs of Nahal Mikhmas», dans *Qadmoniot*, 19 (1986), pp. 45-50, spécialement p. 49.

112. *Cf.* H. Eshel, «A Coin of Bar Kokhba from a Cave in Wadi el-Mâckûk», dans *Israel Numismatic Journal*, vol. 9 (1986), pp. 51-52.

113. Cf. A. Kindler, «Coins and Remains from a Mobile Mint of Bar Kokhba at Khirbet el-'Aqd», dans *Israel Numismatic Journal*, vol. 9, (1986/87), pp. 46-50.

114. *Cf.* E. Damati, «Four Bar Kokhba Coins from Khirbet el-'Aqd», dans *Israel Numismatic Journal,* vol. 4, (1980), pp. 27-29.

115. *Cf.* G. W. E. Nickelsburg, «Miscellaneous Small Finds», dans P. W. Lapp et N. L. Lapp, *Discoveries in the Wâdi ed-Dâliyeh. Annual of the American Schools of Oriental Research*, vol. 4, 1974, p. 102 ; pl. 37, 9, et 101a. Cette monnaie a été évoquée par L. Mildenberg, dans son ouvrage intitulé *The Coinage of the Bar Kokhba War*, p. 50, note 117.

116. *Cf.* B. Mazar, *The Excavation in the Old City of Jerusalem, near the Temple Mount. Preliminary Report of the Second and Third Seasons, 1969-1970*, Jérusalem, 1971, p. 8, col. 1, et pl. XXVIII, 10; et «The Archaeological Excavations near the Temple Mount», dans *Jerusalem Revealed. Archaeology in the Holy City (1968-1974)*, Jérusalem, 1975, p. 32, col. 2, où le professeur B.

Mazar, de l'Université Hébraïque de Jérusalem, précise que, dans ses fouilles, près du «Mont du Temple», il a notamment mis au jour «Bar-Kokhba two coins (year 2)». *Cf.* aussi S. Applebaum, *Prolegomena to the Study of the Second Jewish Revolt (A.D. 132-135)*, Oxford, 1976, p. 27, note 241.

117. *Cf.* A. Lemaire, dans E.-M. Laperrousaz, «Archéologie biblique et palestinienne», *Annuaire de l'École Pratique des Hautes-Études. Section des Sciences religieuses* (Résumés des conférences et travaux), tome XCVII, 1988-1989, p. 200. Cette citation de D. Barag provient de «A Note on the Geographical Distribution of the Bar Kokhba Coins», dans *Israel Numismatic Journal*, vol. 4 (1980), p. 33.

118. J.-T. Milik, «II. Textes hébreux et araméens», dans *Discoveries in the Judaean Desert – II. Les Grottes de Murabba'ât*, Oxford, 1961, p. 135.

119. Id*., ibid.*, 205. Ben Kosba (ou Ben Koséba) fut reconnu par Rabbi Aqiba comme Messie et comme l'Étoile de *Nombres,* XXIV, 17, d'où son surnom de Bar-Kokhba ou Bar-Kokéba (Fils de l'Étoile).

120. *Cf.* Y. Yadin, *Bar-Kokhba…*, p. 134: «Year Two of the Redemption of Israel in Jerusalem».

121. J.-T. Milik, *ibid.*, p. 125, note à la ligne 1; et, ici, la référence suivante est fournie : «*cf.* S. Yeivin, *Guerre de Bar-Kochba*² (en hébreu), Jérusalem, 1952, surtout les tableaux aux pages 197-9».

122. Y. Yadin, *ibid.*, p. 183.

123. *Cf.* : J.-T. Milik, *ibid.*, pp. 142-143 et 205; Y. Yadin, *ibid.*, p. 134.

TROISIÈME PARTIE

Les projets pour Jérusalem de Temples consacrés à Yahweh

Chapitre premier

Le projet de Temple d'Ézéchiel

Dans son *Manuel d'Archéologie biblique*, A.-G. Barrois remarque, à juste titre, que «le Temple d'*Ézéchiel* appartient à peine à l'archéologie» ; en effet, «il n'eut jamais d'autre réalité que celle d'un mirage prophétique»[124]. Et l'ancien professeur à l'École biblique et archéologique française de Jérusalem poursuit ainsi : «La description qu'en donne le prophète combine les éléments "révélés" du Temple de Salomon, c'est-à-dire la "maison", son mobilier et ses alentours immédiats, avec une nouvelle conception des parvis qui l'entourent. L'idée dominante est celle de la transcendance absolue de Iahvé, qui trouve son expression architecturale dans l'isolement absolu du Temple. Iahvé règne seul, et sa maison ne saurait être une partie du complexe temple-palais comme en Mésopotamie ou en Asie Mineure. L'ancienne demeure relevée sur ses fondements primitifs occupera désormais le centre de deux parvis concentriques», structure ayant «une signification théologique», destinée «à filtrer les adorateurs de Iahvé selon leur degré de consécration»; ainsi «Les Israélites n'auront accès qu'au parvis extérieur, la cour du Temple proprement dit étant réservée aux seuls prêtres»[125].

L'archéologue André Parrot écrit, de son côté : «Le sanctuaire auquel le prophète a attaché son nom ne saurait nous retenir ici longtemps. En effet, objet d'une vision, il n'a jamais été construit. Cependant, il convient pourtant d'en indiquer l'allure générale, car celle-ci a très certainement, avec la conception théologique qu'elle figurait, influencé l'architecture du

Temple d'Hérode élevé plus d'un demi-millénaire après !», car : «C'est en 572 – 571 [avant notre ère][126] que, déporté depuis vingt-cinq ans, le prophète eut, avec la vision de l'Israël restauré, celle du Temple relevé de ses ruines (*Ézéchiel*, XL-XLIV)»[127]. Alors, une description de ce projet de Temple est donnée : «Si dans le premier Temple, on ne sait où faire exactement passer la clôture et à combien la chiffrer, pareille hésitation n'est plus de mise désormais. L'enceinte a la forme d'un grand carré de 500 coudées (250 m.) de côté (*Ézéchiel*, XLII, 16-20). Elle est percée de trois portes …, très exactement orientées à l'Est, au Nord et au Sud. On pénètre ainsi dans un premier parvis, qu'on peut bien qualifier d'extérieur, puisqu'en forme de fer à cheval, il en enferme un autre, où l'on pénètre de même par trois portes, orientées semblablement et chacune dans l'axe de l'autre. Ces portes sont d'ailleurs du type fortifié, dit "à tenaille"… (*Ézéchiel*, XL, 6-16)»[128].

Quant à «l'autel», qui «est décrit minutieusement (XLIII, 13-17), il avait la forme d'une ziggourat, c'est-à-dire d'une tour à étages, sur base carrée…, et quatre cornes[129] ornaient les angles de la face supérieure»; et A. Parrot ajoute : «Cette forme caractéristique rappelle si étroitement le relief du Louvre, où l'on voit une ziggourat ornée de cornes, que l'analogie entre autel de la vision d'Ézéchiel et ziggourat mésopotamienne, semble difficilement contestable»[130].

En ce qui concerne «le Temple» proprement dit, celui-ci, «comme du temps de Salomon, était tripartie», et «nous en avons une description détaillée et chiffrée (XL, 48-XLI,26)»[131]. Après avoir souligné que, pour ce projet de Temple, la même terminologie était utilisée que pour le Temple de Salomon (*ulâm* et *hékâl* pour les deux premières parties), il ajoute : «la troisième est explicitement caractérisée comme "le Saint des Saints" (XLI, 4). La longueur de l'édifice était de 100 coudées (50 m.)»[132]. Il était construit sur une terrasse à laquelle on accédait par un escalier de dix degrés[133], encadré par "des colonnes" (*Ézéchiel*, XL, 49)»[134]. Et sont alors rappelées les dimensions suivantes : pour le portique 10 m. sur 6 m.; pour le *hékâl* 20 m. sur 10 m.; pour le Saint des Saints, 10 m. sur 10 m.

En venant à «la décoration» du Temple, André Parrot relève qu'«il nous est indiqué que tous les murs étaient lambrissés et ornementés de "figures" : chérubins et palmes[135], que l'on retrouvait sur les vantaux des portes et sur les épaulements du portique»[136]. Et, à juste titre, il s'étonne «qu'aussi peu soit dit qui se rapporte au mobilier et aux ustensiles rituels. On signale l'autel en bois, dans le *hékâl* (XLI, 21-22), réplique de la "table

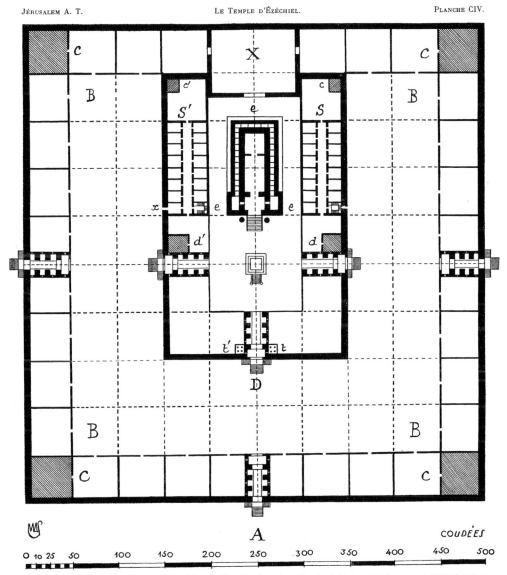

A, porte orientale du parvis extérieur. — B-B, parvis extérieur. — C-C, cuisines du peuple. — D, porte orientale du parvis intérieur. — c-c', cuisines des prêtres.
d, chambre des prêtres gardiens du Temple. — d', chambre des prêtres gardiens de l'autel. — e-e, *mounaḥ*, espace libre. — t-t', chambres contenant les tables
pour la boucherie. — S-S', dépendances du Temple. — x—[suppléer x' au Nord], portes des dépendances sur le parvis extérieur.
X, *Binián*, Bâtiment idolâtrique désaffecté, maintenu comme poste de garde. — *N.B.* : L'orientation est face à l'Est.

58. Le Temple d'Ézéchiel. Plan proposé par les Pères dominicains Vincent et Stève.

des pains de proposition" du premier sanctuaire. Aucune indication quant aux luminaires. Discrétion totale au regard du luxe et de la profusion d'or dont Salomon avait recouvert les boiseries, les portails, voire le sol ! Silence complet quant à l'arche. L'antique *palladium* avait disparu mais il n'était plus besoin de lui pour marquer la présence réelle de Iahvé au milieu de son peuple. Car "la gloire du Dieu d'Israël", arrivée de l'Orient avec un bruit semblable aux grosses eaux, remplissait le Temple tout entier (XLIII, 1-5)»[137].

Enfin, non seulement, comme dans le Temple de Salomon, le Temple proprement dit devait être «enserré dans ses trois étages de petites chambres (*Ézéchiel*, XLI, 5-11)»[138], mais «les locaux annexes sont régulièrement alignés sur le pourtour de chaque enceinte. Le texte mentionne en particulier les cuisines et le réfectoire où les prêtres consoment leur part des sacrifices sans avoir à sortir du parvis intérieur, et, aux angles du parvis extérieur, les cuisines où les serviteurs du Temple préparent les portions des s˘elâmim [c'est-à-dire des "victimes pacifiques" ou "sacrifices de paix"] qui reviennent aux laïcs, *Ézéchiel*, XLII, 13-14; XLVI, 19-24», comme le souligne A.-G. Barrois[139].

Terminons cette rapide présentation du projet de Temple d'Ézéchiel par ces lignes d'André Parrot : «Cette vision se terminait par un magnifique symbole. Du temple relevé, allait jaillir cette source d'eau vive, si abondante qu'elle formerait un torrent, qui par la vallée du Cédron arriverait à la Mer Morte, dont les eaux redeviendraient saines. Et cette région maudite connaîtrait la fertilité d'un Paradis : un feuillage permanent, des fruits à chacun des mois de l'année (*Ézéchiel*, XLVII, 1-12). Tel était le programme que proposait à ses compatriotes le prophète de la déportation, "ravi en extase", "au bord du fleuve Kébar"»[140].

Notes

124. A.-G. Barrois, *Manuel d'Archéologie biblique*, tome II, Paris, A. et J. Picard et Cⁱᵉ, 1953, p.447.
125. Id., *ibid.*, pp. 447-448.
126. «La vingt-cinquième année de notre captivité, au commencement de l'année, le dix du mois, quatorze ans après que la ville eut été prise» (*Ézéchiel*, XL, 1, traduction de *La Bible de Jérusalem*, Paris, éditions du Cerf, 1998), et, en note à ce verset, il est précisé (p. 1527, note b) : «Donc en septembre-octobre 573: l'année religieuse commençait au printemps, mais le début de l'année civile coïncidait avec le premier mois d'automne». Rappelons que Jérusalem avait été prise en 587.

127. A. Parrot, *Le Temple de Jérusalem*, 2ᵉ édition, Neuchâtel (Suisse), éditions Delachaux et Niestlé, 1962, p.46.

128. Id., *ibid.*, pp. 46-48.

129. Ici, il est indiqué en note (*ibid.*, p.48, note 2) : «De nombreux autels en pierre ont été découverts en Palestine et en Phénicie, dont le sommet est orne-menté de cornes. Pour des attestations bibliques, *Exode*, XXVII, 2; XXX, 2; *I Rois*, I, 50.»

130. Id., *ibid.*, pp. 48-49.

131. Id., *ibid.*, p. 49.

132. Et, ici, il est rappelé en note (p. 49 note 3) : «Le premier Temple avait 60 coudées (30 m.), *I Rois*, VI, 2. Celui d'Hérode en aura 100 [coudées = 50 m.].»

133. Et, ici, il est précisé en note (p. 49, note 4) : «C'est sur cette donnée qu'on restitue l'escalier que l'on suppose avoir aussi existé dans le Temple de Salomon.»

134. Id., *ibid.*, p. 49.

135. Et, ici, il est indiqué en note (p.49, note 6) : «"Une palme entre deux ché-rubins" est-il précisé (*Ézéchiel*, XLI, 18). C'est par excellence le thème méso-potamien et oriental des animaux antithétiques, de part et d'autre de l'arbre ou de la palmette. Les exemples en sont innombrables.»

136. Id., *ibid.*., p. 49.

137. Id., *ibid.*, p. 50.

138. Id., *ibid.*, p. 51.

139. A.-G. Gallois, *ibid.*, p. 448.

140. A. Parrot, *ibid.*, p.51. À propos du «fleuve Kébar», il est précisé, ici, en note (p.51, note 5) : «Le *naru Kabaru* babylonien, dérivation de l'Euphrate, non loin de l'ancienne ville sumérienne de Nippur, au sud de Babylone.»

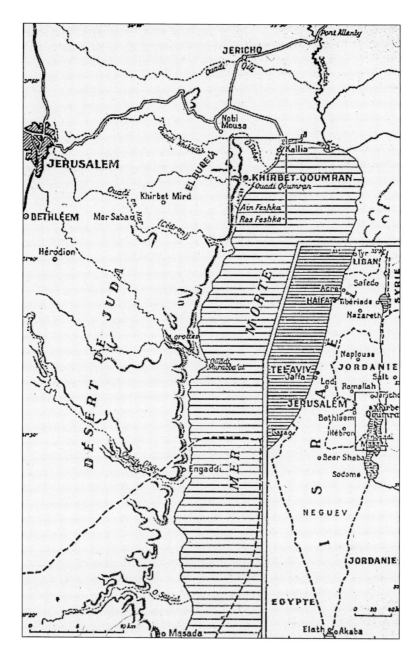

59. Carte du désert de Juda et de la mer Morte, et carte d'ensemble de la Palestine (d'après A. Dupont-Sommer, Les Écrits esséniens découverts près de la mer Morte, Paris, Payot).

Chapitre 2

Le projet de Temple des Esséniens

Sur les bords de la Mer Morte, évoquée à la fin du précédent chapitre, va être élaboré un nouveau projet de Temple de Yahweh pour Jérusalem. En effet, l'un des manuscrits découverts dans les grottes de Qoumrân a reçu, de son éditeur, le nom de *Rouleau du Temple*. Rappelons ce qu'est ce site de Qoumrân et comment se présente ce manuscrit.

Le site de Qourân

Description du site : Depuis longtemps, déjà, les archéologues connaissaient l'existence, à une douzaine de kilomètres au sud de la ville actuelle de Jéricho, en un lieu d'une austère beauté, de bâtiments en ruines auxquels les indigènes avaient donné le nom de *Khirbet Qoumrân* – du mot arabe *Khirbeh* signifiant «ruine», et du nom de l'*Oued Qoumrân* (en anglais : *Qumrân*), tout proche.

Ces vestiges sont situés sur la terrasse marneuse qui, à une cinquantaine de mètres au-dessus du rivage de la mer Morte, s'étend au pied de la falaise de calcaire cénomanien constituée par le rebord oriental du plateau du désert de Juda. Alors que cette terrasse se trouve à environ 340 mètres au-dessous du niveau général des océans, la falaise elle-même n'atteint pas, ici, ce niveau général; mais elle n'en surplombe pas moins de plusieurs centaines de mètres la mer Morte, dont la surface était, au temps des fouilles, à l'altitude de –392 mètres, avant une récente baisse importante de son niveau.

À 4 500 mètres au sud de Qoumrân, au *Ras Feshkha*, la falaise rejoignait à pic la mer avant la construction par les Israéliens, depuis la Guerre des Six Jours de juin 1967 qui leur donna le contrôle de la région, d'une route en corniche. Mais les ruines de Qoumrân se trouvent, quant à elles, à environ un kilomètre du rivage. Un peu au nord du *Ras Feshkha*, à environ 3 kilomètres au sud de Qoumrân auquel un long mur la reliait, près de la grosse source de *'Aïn Feshkha* fut établie ce qui devait être une dépendance agricole et industrielle de la Communauté installée à Qoumrân.

C'est à l'intérieur d'anfractuosités naturelles au pied de la falaise, et de cavités creusées par l'homme, à proximité immédiate des bâtiments, dans la partie de la terrasse marneuse – plus tendre – qui constitue, en cet endroit, la rive nord de l'Oued Qoumrân, qu'ont été découverts les fameux *Manuscrits de la mer Morte*, datant essentiellement du Ier siècle avant notre ère et du Ier siècle de celle-ci. Notons qu'aucune grotte (naturelle ou non) située au sud de l'Oued Qoumrân n'a livré les restes de tels documents, et précisons que, si ce nom bizarre de *Manuscrits de la mer Morte* leur a été donné, ce fut pour les distinguer d'autres textes, un peu plus récents, trouvés vers la même époque dans diverses grottes du «Désert de Juda», où ils avaient été apportés pendant la Seconde Révolte (ou Guerre) juive, celle que dirigea Bar-Kokhba (en 132-135 de notre ère) et qu'écrasa l'empereur romain Hadrien. Relevons que ce sont généralement les éditeurs des textes de Qoumrân qui ont attribué à chacun de ceux-ci le nom sous lequel il est maintenant désigné.

La découverte et la fouille.: L'action commence au début de l'année 1947. C'est alors qu'un jeune Bédouin, à la recherche d'une des bêtes de son troupeau, découvrit dans une grotte de la falaise dominant la rive occidentale de la mer Morte, à une dizaine de kilomètres au sud de la ville actuelle de Jéricho et à 1 300 mètres au nord de la ruine de Qoumrân, les premiers *Manuscrits de la mer Morte.* Dans cette grotte se trouvaient, en effet, des rouleaux de peau manuscrits qui avaient été enveloppés dans des linges de lin, peut-être cachetés avec du bitume extrait de la mer Morte, et placés dans des jarres d'argile munies de couvercles.

Le conflit israélo-arabe de Palestine empêcha les archéologues d'organiser rapidement une expédition scientifique chargée de reconnaître l'emplacement de cette grotte. Les recherches sur le terrain ne commencèrent qu'en 1949, sous la direction, conjointe, de G. Lankester Harding, qui était le directeur anglais du Département jordanien des Antiquités, et du R. P. Roland de Vaux, alors directeur de l'École biblique des Pères dominicains ainsi que de l'École archéologique française de Jérusalem, et président du Comité international chargé d'assurer la gestion du Palestine Archaeological Museum (Rockefeller Foundation) de Jérusalem.

60. La terrasse de Qoumrân supportant les bâtiments vue depuis les bords de la mer Morte; au fond, la falaise.
61. Vue du site de Qoumrân depuis la falaise; à l'arrière plan, la mer Morte et la Transjordanie.

Les campagnes d'exploration de la région et de fouilles des grottes ainsi que des ruines durèrent de 1949 à 1958. Notons que la découverte, par les archéologues, de fragments de manuscrits que les Bédouins avaient laissé tomber des rouleaux dans la première grotte, permit d'authentifier la provenance de ces documents.

Les grottes et leurs manuscrits : Au total, ce sont onze grottes, proches des ruines de Qoumrân, qui ont livré plusieurs dizaines de milliers de fragments de quelque 800 manuscrits plus ou moins bien conservés. Écrits en hébreu ou en araméen, parfois en grec, sur peau, exceptionnellement sur papyrus, ils datent essentiellement, rappelons-le, du Ier siècle avant notre ère ou du Ier de celle-ci. Ces inestimables vestiges sont conservés, pour la plupart, en deux endroits de la ville de Jérusalem : d'une part au Musée Rockefeller, dans ce qui était le secteur jordanien avant la Guerre des Six Jours, d'autre part dans le «Sanctuaire du Livre», composante du Musée d'Israël à Jérusalem, que les Israéliens ont construit pour abriter ceux des *Manuscrits de la mer Morte* qu'ils avaient pu acquérir.

Après un retard qui provoqua scandale, ceux des *Manuscrits de mer Morte* qui n'avaient pas encore été publiés l'ont été, avec tous les autres, en 1993, par les éditions hollandaises E.-J. Brill sous la forme d'environ 100 microfiches et 5 200 photographies accompagnées d'un catalogue/concordance et d'une introduction due à Emmanuel Tov, professeur à l'Université Hébraïque de Jérusalem, qui est le nouvel éditeur en chef des *Manuscrits de la mer Morte*. Précisons que l'édition scientifique de ces textes se continue dans la collection des «Discoveries in the Judaean Desert» confiée à l'Oxford University Press. Et relevons que, dans cette publication de Brill, figurent non seulement des *Manuscrits de la mer Morte*, mais aussi des textes provenant d'autres sites du Désert de Juda. Une fois de plus, attention aux confusions : ces textes sont de milieux d'origine et de dates différents !

Selon toute vraisemblance, les manuscrits que recelaient les grottes de Qoumrân sont les vestiges de la «bibliothèque» de l'établissement de Qoumrân. Car ce serait faire violence à l'archéologie que d'attribuer à des communautés différentes l'occupation, *à la même époque*, d'une part des bâtiments, d'autre part des «grottes à manuscrits» *toutes proches*, ce, dans ce coin de désert ! En effet, la contemporanéité de l'occupation des bâtiments et des grottes de Qoumrân ressort de l'examen minutieux des divers éléments fournis par la fouille des uns et

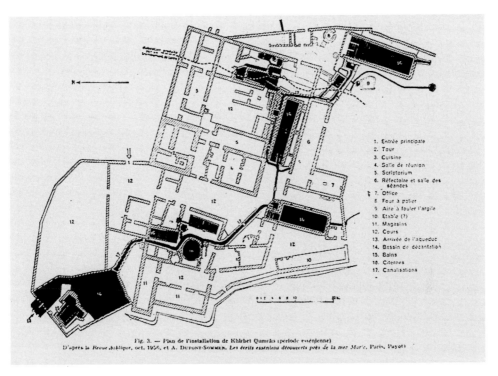

1. Entrée principale
2. Tour
3. Cuisine
4. Salle de réunion
5. Scriptorium
6. Réfectoire et salle des séances
7. Office
8. Four à potier
9. Aire à fouler l'argile
10. Etab'e (?)
11. Magasins
12. Cours
13. Arrivée de l'aqueduc
14. Bassin de décantation
15. Bains
16. Citernes
17. Canalisations

Fig. 3. — Plan de l'installation de Khirbet Qumrân (période essénienne)
D'après la *Revue biblique*, oct. 1956, et A. DUPONT-SOMMER, *Les écrits esséniens découverts près de la mer Morte*, Paris, Payot)

62. Plan de l'établissement essénien de Qoumrân (d'après la Revue biblique, octobre 1956, et A. Dupont-Sommer, Les Écrits esséniens découverts près de la mer Morte, Paris, Payot).

des autres : mêmes styles de la poterie dégagée tant des grottes que des ruines, nombreuses caractéristiques calligraphiques semblables présentées par les manuscrits trouvés dans les grottes et par des inscriptions figurant sur quelques jarres et *ostraca* (tessons) provenant tant des grottes que des ruines, en particulier un abécédaire complet sur un *ostracon* ramassé dans ces dernières; même époque de réalisation reconnue globalement aux manuscrits des grottes et aux monnaies des bâtiments. Pourtant, il est très vraisemblable, aussi, qu'en allant s'établir à Qoumrân le Maître de justice et ses compagnons ont apporté avec eux, notamment, des exemplaires de la *Bible*, documents, donc, qui n'ont été ni composés ni copiés à Qoumrân, mais sont antérieurs à l'installation de la Communauté en ce lieu.

Ajoutons que, très vraisemblablement encore, l'attaque de l'établissement de Qoumrân et son abandon – *cause et conséquence de la fin de la première occupation de ce site par la*

63. Les ruines de Qoumrân vues depuis la tour vers le Sud; à l'extrême gauche, la salle où gisaient des objets tombés du «scriptorium»; en haut et à gauche, l'esplanade de l'établissement, avec, au fond, le Ras Feshkha.

Communauté du Maître de justice – ne durent pas être sans conséquence pour la «bibliothèque» de Qoumrân; et il en fut de même, vraisemblablement, lors de l'attaque et de l'abandon définitif en 68 de notre ère.

Environ un quart de ces manuscrits est constitué par des copies des livres bibliques de l'Ancien Testament, parmi lesquels, souvent en plusieurs exemplaires, sont représentés tous les livres de la *Bible* juive canonique, à l'exception de celui d'*Esther*. Ainsi est réalisée la remontée dans le temps de près d'un millénaire dans notre connaissance du texte de la *Bible* hébraïque, car, précédemment, le plus ancien manuscrit connu de cette bible était le *Codex du Caire*, daté de l'an 895 de notre ère, et ne comprenant que les «Prophètes» (du livre de *Josué* aux *Douze petits prophètes*, selon le classement de cette bible).

Y sont aussi représentés des ouvrages (*Tobie*, le *Siracide* ou *Ecclésiastique*) figurant dans la *Bible* grecque des *Septante*, et dont on a, ici, des témoins du texte sémitique (hébreu pour le *Siracide*, hébreu et araméen pour *Tobie*).

⋅Le reste de ces manuscrits, commentaires bibliques, textes réglementaires, y compris l'*Écrit de Damas*, etc., forme une vaste collection de livres religieux présentant entre eux, pour la

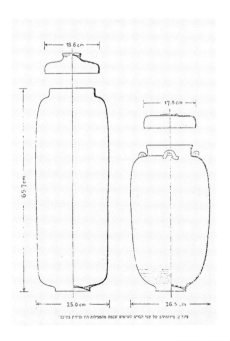

64. Jarres et leurs cou-
vercles de la première
«grotte à manuscrits»
(selon E.-L. Sukenik, leur
acquéreur).
65. Jarre de la prem!ère
«grotte à manuscrits»
(cliché de E.-L. Sukenik,
son acquéreur).
66. Jarre en cours de
dégagement des ruines
des bâtiments.
67. Trois encriers (deux
en terre cuite et celui du
milieu en bronze) trouvés
dans les ruines des bâti-
ments (cliché P.A.M.).

plupart, une telle homogénéité de doctrine qu'ils ne peuvent provenir que d'un même milieu mystique, d'une même «secte» ou, plus exactement, d'un même ordre. En font partie, souvent, aussi, en plusieurs exemplaires, des apocalypses et des ouvrages, comme le livre des *Jubilés* et celui d'*Hénoch*, dont l'origine était, jusqu'alors, fort discutée; appartenant à la littérature juive dite «intertestamentaire», ces ouvrages, connus chez les catholiques sous le nom d'«Apocryphes de l'Ancien Testament», et sous celui de «Pseudépigraphes de l'Ancien Testament» chez les protestants, voient ainsi leur milieu d'origine précisé.

Brève chronologie de l'existence de la Communauté du Maître de justice : L'analyse méthodique et minutieuse des informations fournies par la fouille du site de Qoumrân-Feshka, qui dura, donc, de 1949 à 1958, combinée avec une semblable analyse des critères internes de datation relevés dans les *Manuscrits de la mer Morte*, ont permis de préciser le cadre chronologique de l'existence de la Communauté de Qoumrân.

Elle avait été fondée par un personnage, appartenant au sacerdoce juif, que ses disciples appelèrent le «Maître de justice». L'histoire de cette Communauté comprend essentiellement trois étapes :

— D'abord, son installation à Qoumrân vers l'an 100 avant notre ère, alors que les rois-prêtres asmonéens (les descendants des Maccabées) avaient réuni les deux pouvoirs (le sacerdotal et le royal) entre leurs mains à Jérusalem.

— Puis, l'exil à Damas du Maître de justice et de ses fidèles après que les Asmonéens eurent attaqué Qoumrân dans les années 67 à 63 avant notre ère, Damas où, après avoir conclu une «Nouvelle Alliance» avec Yahweh, le Maître de justice mourut du fait de ses adversaires asmonéens.

— Enfin, le retour, en 24 ou 23 avant notre ère, des fidèles du Maître de justice à Qoumrân – afin d'y attendre le retour de celui-ci comme Messie à la fin des jours, qui pouvait leur paraître alors proche —, et l'extension de leur installation à Feshkha.

En juin de l'an 68 de notre ère, peu après avoir pris Jéricho, les Romains attaquèrent Qoumrân-Feshkha, mettant fin à cette seconde occupation du site par cette Communauté.

De nombreux examens auxquels ont été soumis divers objets provenant du site, y compris des fragments de manuscrits, examens utilisant, notamment, la méthode de datation par le Carbone 14, ont fourni des résultats s'accommodant fort bien,

68. L'heure du thé, pris devant la tente principale près des ruines de Qoumrân, face à la mer Morte: au premier plan, deux élèves ecclésiastiques de l'École biblique; au second plan, le R. P. de Vaux, ayant à sa gauche J.-T. Milik, et à sa droite l'auteur.

globalement, de ce cadre chronologique. Ajoutons que, pendant la Seconde Révolte (ou Guerre) juive (132-135 de notre ère), des maquisards de Bar-Kokhba occupèrent un temps Qoumrân, ainsi que Feshkha, y perdant quelques-unes de leurs monnaies, et déposant dans une des grottes de Qoumrân le *Rouleau de cuivre* portant gravée la liste des endroits où, devant l'avance des Romains, avait été caché le «Trésor» que Bar-Kokhba, quittant Jérusalem, avait transporté à son quartier général de l'Hérodium, près de Bethléem; ce document et ce «Trésor» ne sont donc pas esséniens. Quant à l'installation de Feshkha, elle aurait connu une réoccupation partielle à l'époque byzantine, aux V-VIe siècles de notre ère, servant de «jardin» aux anachorètes établis «dans la montagne de Mardes» (l'actuel Khirbet Mird, à 9 kilomètres plus à l'ouest), si l'on en croit un texte de Jean Moschos (le *Pré Spirituel*, 158), figurant dans la *Patrologie grecque* (LXXXVIII, 3.026).

L'identification de cet établissement : La comparaison minutieuse, d'une part, des informations contenues dans les «Notices» d'auteurs anciens (essentiellement Philon d'Alexandrie, Pline l'Ancien, Flavius Josèphe, ainsi qu'Hyppolyte de Rome et Eusèbe de Césarée) sur les trois principales composantes du judaïsme palestinien du Ier siècle avant notre ère — Sadducéens, Pharisiens et Esséniens, sans compter les Zélotes qui rassemblèrent, un peu plus tard, des opposants de tous bords à l'occupant romain —, d'autre part des données fournies tant par l'étude des *Manuscrits de la mer Morte* que par l'examen des résultats des fouilles conduites sur le site de Qoumrân-Feshkha, a déterminé le plus grand nombre des spécialistes de ces problèmes à considérer la Communauté de Qoumrân-Feshkha comme appartenant au mouvement, à l'ordre essénien.

Relevons, en particulier, que les caractéristiques de cet établissement correspondent, pour l'essentiel, à la description de l'établissement essénien des bords de la mer Morte, donnée par Pline l'Ancien dans la «Notice» devenue fameuse de son *Histoire Naturelle* (en V, 17, 4). Ainsi, sa description correspond précisément à la situation géographique du site de Qoumrân — sur la rive occidentale de la mer Morte, entre Jéricho et Engaddi —, Qoumrân qui, de plus, n'a pas de concurrent sérieux dans la région, et dont les dates d'occupation par une communauté juive témoignant d'un caractère religieux spécifique recouvrent la période à laquelle Pline se réfère. En effet, décrivant, dans ce passage, la dépression médiane syro-palestinienne, l'auteur latin — qui, avant de mourir en l'an 79 de notre ère lors de l'éruption du Vésuve, accompagna peut-être Titus en Palestine au cours de la révolte de 66-70, mais qui, surtout, utilisa de nombreuses sources écrites pour rédiger les trente-sept livres de son *Histoire Naturelle* —, Pline l'Ancien donc, après avoir cité successivement, en suivant le cours du Jourdain, les bourgades situées sur l'une et l'autre rives, une fois arrivé à la mer Morte continue ainsi :

«*A l'occident* [de la mer Morte], *les Esséniens s'écartent des rives sur toute la distance où elles sont nocives..., n'ayant que la société des palmiers... Au-dessous d'eux (infra hos)* [c'est à dire des Esséniens] *fut la ville d'Engada* [Engaddi]*... De là, on arrive à la forteresse de Massada.*»

L'établissement essénien, décrit par Pline, se trouvait donc en amont d'Engaddi, sur la rive occidentale de la mer Morte, loin de toute localité, «n'ayant que la société des palmiers», dans une zone où la culture des palmiers était possible, et à l'abri des émanations désagréables de cette mer si dense en sels de toutes sortes. Cela correspond tout à fait au site de Qoumrân, redisons-le !

En ce qui concerne ce nom d'«Esséniens» — que l'on rencontre en grec sous les deux formes *Essènoi* et *Essaioi*

(«Esséniens» et «Esséens») —, nombre d'hypothèses ont tenté de l'expliquer. Ainsi, le philosophe juif Philon d'Alexandrie (mort en l'an 54), qui a employé la seconde de ces formes, l'a rapprochée du terme grec *osioi* signifiant «saints», «purs».

Le professeur André Dupont-Sommer — l'un des pionniers et maîtres des études qoumrâniennes — a, quant à lui, proposé de reconnaître, sous le radical grec *ess*, celui du mot hébreu *'esah* signifiant «conseil, parti», lequel est fréquemment utilisé dans les textes de Qoumrân pour notamment désigner les membres de cette Communauté de Qoumrân, d'où ces documents proviennent, comme étant «les hommes du Conseil (ou du Parti) de Dieu». Il aurait, certes, été osé d'émettre cette dernière hypothèse avant la découverte des *Manuscrits de la mer Morte*[141].

Le Rouleau du Temple

Description du Rouleau : La bataille de Jérusalem, en juin 1967, était à peine terminée que les autorités israéliennes, en application de la législation, due au mandat britannique, concernant la découverte d'objets antiques, saisissaient — chez un marchand chrétien jacobite de Bethléem ayant, depuis les premières trouvailles faites à Qoumrân en 1947 par les Bédouins, servi d'intermédiaire à ceux-ci pour la vente du produit de leurs fouilles clandestines — un manuscrit qui, déroulé, mesure encore dans son état actuel 8,14 mètres de long, et porte 66 colonnes de texte. La fin de ce document est pratiquement intacte; en revanche, le début n'en est pas conservé, mais il ne semble pas en manquer beaucoup. Plus grave, toute la partie supérieure du rouleau s'est décomposée. C'est le plus long des rouleaux, actuellement connus, provenant de Qoumrân — en l'occurrence de la grotte 11, d'où le sigle *11QT* attribué à ce manuscrit.

Certaines données du texte font croire qu'il a pu être composé au temps d'Alexandre Jannée, qui fut grand prêtre et roi de 103 à 76 avant notre ère[142].

De caractère nettement «sectaire», ce texte, a souligné André Caquot, «est donné pour une révélation de Dieu à Moïse. Il semble que les sectaires le tenaient pour écriture sainte»[143]. Il est constitué par la juxtaposition d'ouvrages divers qui peuvent avoir été composés à des dates sensiblement différentes. Il renferme une grande collection de règles religieuses (concernant, notamment, la pureté et les impuretés rituelles), une énumération de sacrifices et d'offrandes à effectuer pendant les fêtes, une description du Temple futur et de la liturgie qu'il conviendra d'y pratiquer, des prescriptions concernant le roi et l'organisation de l'armée.

Relevons, en particulier, les précisions suivantes. Le calendrier des fêtes mentionnées dans ce rouleau correspond tout à fait à ce que l'on savait déjà du calendrier en usage à Qoumrân, mais il nous en apprend davantage : il y avait toute une série de fêtes qui étaient célébrées un dimanche, chacune sept semaines après la précédente : l'offrande de la première gerbe, la Pentecôte, la fête du vin nouveau, la fête de l'huile nouvelle.

Ajoutons, d'autre part, qu'il ne s'agit pas, dans ce rouleau, de se préparer, comme dans le *Règlement de la Guerre*, à une guerre eschatologique et offensive, mais de se défendre contre un ennemi qui, d'ailleurs, n'est pas nommé.

Enfin, le Temple futur, dont il est question dans ce manuscrit, n'est pas à proprement parler, lui non plus, eschatologique, car il sera remplacé par un autre Temple que Dieu créera lui-même, cette fois-ci, et qui ne sera donc plus «fait de main d'homme». Comme les considérations sur le Temple couvrent près de la moitié de ce rouleau, son éditeur, le professeur Yigaël Yadin, de l'Université Hébraïque de Jérusalem, a attribué à celui-ci le nom de *Rouleau du Temple*. L'édition hébraïque de ce manuscrit (*Megillat ha-miqdas*, I-III) a paru à Jérusalem en 1977, et son édition anglaise (*The Temple Scroll*, I-III) en 1983.

Le projet essénien de Temple

Commençons par citer ces pertinentes remarques présentées par Francis Schmidt, directeur d'études à la Section des Sciences religieuses de l'École pratique des Hautes Études : «L'innovation majeure de ce Temple consiste dans le grandiose dispositif architectural faisant médiation entre le pays d'Israël, ses villes et sa campagne d'un côté, et de l'autre le Sanctuaire où demeure la Gloire divine. Le passage de la terre profane à la Demeure sacrée s'opère par la traversée d'une série d'espaces qui ont fonction d'exclusion, de sélection, de classement sur des critères de pureté de plus en plus sévères au fur et à mesure que l'on progresse dans l'ordre de la sacralité. Ce dispositif architectural inclut la Ville sainte elle-même, puis une succession de trois parvis emboîtés ayant la Demeure en leur centre. Leur nombre, leur forme carrée, leur superficie et leur aménagement en constituent l'originalité»[144].

Les parvis

Un fossé large de cent coudées (environ 50 mètres) séparera le Temple de la ville (*cf. 11QT*, XLVI, 9-10), entourant le parvis extérieur auquel on accédera par douze degrés aboutissant à des perrons larges d'environ 7 mètres, comme l'ouverture des portes, permettant de franchir le fossé (cf. XLVI, 5-8).

Ce *parvis extérieur* mesurera environ 800 mètres de côté, chacun des quatre côtés possédant trois portes, aux battants plaqués d'or pur. Entre ces portes, trois étages de colonnades constitueront un péristyle à trois niveaux, large d'environ 5 mètres, lequel donnera sur 108 chambres ou salles réparties sur ces mêmes niveaux des quatre côtés (*cf.* XL, 5-12 et XLI, 12 à XLII, 11).

Au centre de ce parvis extérieur, à environ 300 mètres de son mur d'enceinte, un mur entourera le *parvis intermédiaire*, mur d'enceinte percé, également, de 12 portes aux battants plaqués d'or, trois sur chaque côté, chacun de ceux-ci mesurant environ 240 mètres de long. Entre ces portes, il y aura de petites salles (*cf.* XXXVIII, 12-15 et XXXIX,3).

Au centre de ce parvis intermédiaire, à environ 50 mètres de la deuxième enceinte, un troisième mur entourera le *parvis intérieur* (*cf.* XXXVIII, 12), formant une esplanade également carrée d'environ 140 mètres de côté. Quatre portes, situées au centre de chacun des côtés (*cf.* XXXVI, 2-14), sont orientées vers les quatre points cardinaux. Entre ces portes, dont les battants seront plaqués d'or fin, un péristyle abritera des tables et des sièges réservés aux prêtres ; aux quatre angles du parvis se trouveront les cuisines pour les prêtres (*cf.* XXXVII, 13-14); et «le long du mur extérieur du parvis, des emplacements [seront] aménagés pour les prêtres, pour leurs sacrifices, pour les prémices, pour les dîmes, pour les sacrifices pacifiques qu'ils offriront. On ne confondra point les sacrifices pacifiques des fils d'Israël avec les sacrifices des prêtres» (XXXVII, 9-12).

Le Temple proprement dit

Au centre de ce parvis intérieur, il y aurait eu le Temple proprement dit (ou Sanctuaire), au plan toujours tripartite. Diverses constructions annexes l'entoureront. Citons : au sud, en allant du centre vers l'est : le bâtiment du bassin, le dépôt de la vaisselle et l'autel ; au nord-est, l'abattoir; au nord-ouest, à environ 3,5 mètres du mur d'enceinte du Sanctuaire, une tour carrée se terminant en terrasse, dont la fonction est discutée (observation des astres afin d'établir des horoscopes ou pour déterminer les temps sacrés du calendrier ?); enfin, entre le mur occidental de l'enceinte de ce parvis intérieur et celui du Sanctuaire, un portique «pour (servir aux) sacrifices pour le péché et au sacrifice de réparation… : le sacrifice pour le péché des prêtres — et les boucs —, le sacrifice pour le péché du peuple et pour leurs sacrifices de réparation. On ne confondra point les uns avec les autres, on en distinguera les emplacements, de manière à ce que les prêtres ne commettent aucune erreur en sacrifiant pour le péché du peuple ou pour la réparation et (qu'ils ne) portent (pas ainsi le poids) d'un péché (soumis) à réparation» (XXXV, 11-15)[145].

À juste titre, Francis Schmidt a fait remarquer que : «Comme Ézéchiel, le rédacteur du *Rouleau du Temple* insiste davantage sur les instruction relatives à l'édification des parvis que sur celles relatives à la construction et à l'aménagement intérieur du Sanctuaire proprement dit[146].» Pourtant, au milieu de nombreuses lacunes, on trouve mentionnés «le Propitiatoire qui (est) par des […] sa largeur, et deux Chérubins […] un second à l'(autre) extrémité, étendant (leurs) ailes […] au-dessus de l'Arche et se faisant face» (VII, 9-12); puis, il est question d'«un voile d'or» (VII,13).

En conclusion à cette rapide présentation du projet de Temple essénien pour Jérusalem, nous citerons encore, et un peu longuement, le remarquable travail de Francis Schmidt : «Les douze portes du parvis intermédiaire et du parvis extérieur constituent une totale innovation», par rapport aux plans dont il a été question dans les chapitres précédents. «Les douze tribus se rassemblaient trois par trois de chaque côté de l'esplanade extérieure du Tabernacle du désert. De même, dans le Temple futur, les architectes prévoient que trois portes sur chaque côté des murs d'enceinte soient ouvertes aux douze tribus d'Israël, et leur donnent accès aux parvis du Temple.» Mais, dans le *Rouleau du Temple*, les portes «sont nommées

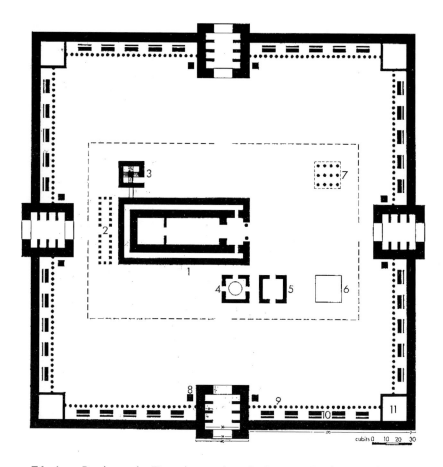

71. Le «Rouleau du Temple» : plan de la cour intérieure de ce temple proposé par Yigael Yadin. (Cliché Y. Yadin, The Temple Scroll, Weidenfeld and Nicolson, Londres, 1985, p. 122.)

d'après les fils de Jacob et non suivant la liste des tribus d'Israël, telle qu'elle est énoncée dans le livre des *Nombres*. En comparaison de la liste des douze tribus qui occupent l'esplanade entourant le Tabernacle, celle du *Rouleau* ajoute Lévi et réunit Éphraïm et Manassé en Joseph». Alors, commente Francis Schmidt : «L'inclusion de Lévi et la réunion d'Éphraïm et de Manassé en Joseph entraînent bien entendu des modifications dans l'organisation.» Et «la principale modification, dont les autres ne sont que le corollaire, est l'attribution à Lévi de la porte d'honneur, celle située au centre du côté est faisant face aux portes du Temple. Lévi prend donc la place qui était assignée à Juda en *Nombres*, II,3. C'est ici la traduction architecturale du principe de la prééminence de Lévi sur Juda, du sacerdoce sur la royauté». D'où cette conclusion : «le fait d'inclure Lévi à la liste des douze tribus équivaut à réduire la distance séparant prêtres et laïcs. Cette inclusion de Lévi manifeste le principe de l'extension à tout le peuple de la sainteté sacerdotale. Un tel dispositif prévoit pour le futur l'application à tout le peuple d'Israël d'un principe déjà réalisé au sein de la Communauté de Qoumrân : en nommant les siens "fils de Sadoq", elle se désigne comme une Communauté de prêtres»[147]. Mais : «Dans le Temple aux douze portes, l'égalité entre les tribus ne va pas sans une hiérarchie de statut interne à chacune d'elles, marquée par la progression du parvis extérieur au parvis central : dans la cour extérieure accèdent femmes, enfants, israélites de moins de vingt ans et prosélytes; dans la cour médiane, les israélites en âge de s'acquitter de l'impôt du demi-sicle; enfin, dans la cour intérieure, les prêtres et les lévites. Cette subdivision n'est pas cependant le fait de la seule Communauté de Qoumrân […] Une subdivision analogue se retrouve — bien que réglée et organisée spatialement de façon différente — dans le Temple hérodien. L'organisation de l'esplanade du Temple en trois parvis distincts traduit donc dans l'architecture la hiérarchisation commune à l'ensemble de la société juive» d'alors[148].

Si, donc, les Esséniens s'abstenaient de fréquenter le Temple de Jérusalem, ce n'était pas par opposition systématique à son égard, puisqu'ils élaborèrent le projet de remplacer ce Temple par un autre, encore «fait de main d'homme», avec sa liturgie, ses sacrifices (*cf.* aussi, à ce propos, notamment l'*Écrit de Damas, A,* XI, 17-22), mais pour, en particulier, les raisons suivantes. D'abord, selon eux, le grand prêtre alors en fonction était illégitime. Puis, ils considéraient le Temple comme impur, d'une part à cause de cette usurpation, d'autre part parce que les règles de pureté qui y étaient pratiquées n'étaient pas suffisamment rigoureuses à leur goût. Enfin, leur calendrier différait de celui alors utilisé au Temple, et, en conséquence, ils ne célébraient pas les fêtes juives aux mêmes dates qu'au Temple. S'abstenant, ainsi, de participer au culte célébré dans le Temple, ils lui substituèrent la prière, «l'offrande des lèvres», selon la *Règle de la Communauté*, IX, 4-5 — en attendant la réalisation de leur

72. Le «Rouleau du Temple» : l'un de ses passages (cliché Y. Yadin, The Temple Scroll, op. cit., pp. 106-107).

Notes

141. *Cf.*, sur les questions concernant Qoumrân et les *Manuscrits de la mer Morte*, en dernier lieu les ouvrages suivants, où l'on trouvera d'autres éléments bibliographiques : E.-M. Laperrousaz, *Les Manuscrits de la mer Morte*, collection «Que sais-je ?», n°953, Paris, P.U.F., 9ᵉ édition augmentée; 1999; Collectif sous la direction de E.-M. Laperrousaz, *Qoumrân et les Manuscrits de la mer Morte. Un cinquantenaire*, Paris, éditions du Cerf, 1997.

142. *Cf.* notre article intitulé «Note à propos de la datation du *Rouleau du Temple* et, plus généralement, des *Manuscrits de la mer Morte*», dans la *Revue de Qumrân,* tome 10, fasc. 3 (n° 39), février 1981, pp. 447-452.

143. A. Caquot, «Information préliminaire sur le *Rouleau du Temple* de Qoumrân», communication résumée dans le *Bulletin de la Société Ernest-Renan*, Nouvelle Série, n° 22, année 1973, p.111; *cf.* id., «Introduction générale. *Rouleau du Temple*», dans *La Bible. Écrits intertestamentaires*, «Bibliothèque de la Pléiade», Paris, Gallimard, 1987, p. XLVI.

144. F. Schmidt, *La Pensée du Temple. De Jérusalem à Qoumrân*, Paris, éditions du Seuil, 1994, p. 168.

145. Les passages du *Rouleau du Temple* que nous citons ici, proviennent de la traduction en langue française présentée par A. Caquot dans *La Bible. Écrits intertestamentaires*, pp. 65-132. Le traducteur a mis entre crochets droits les lacunes, et entre parenthèses certains mots, ajoutés afin d'aider à la compréhension du texte. Certains passages lacuneux n'en restent pas moins, parfois, d'interprétation difficile.

146. F. Schmidt, *ibid.*, p.175.

147. Id., *ibid.*, pp. 177 et 178.

148. Id., *ibid.*, p. 183.

Conclusion générale

Notre connaissance des Temples successifs de Yahweh édifiés à Jérusalem souffre de deux infirmités. D'une part, les témoins archéologiques de ceux-ci sont souvent rares, et quasi inexistants en ce qui concerne le Temple proprement dit, c'est-à-dire le Sanctuaire au plan tripartite; et ils sont tout à fait inexistants, bien évidemment, dans le cas des deux Temples qui n'ont pas dépassé le stade de projet : celui d'Ézéchiel et celui des Esséniens. D'autre part, il est parfois difficile d'être assuré que des écrits bibliques postexiliques prétendant décrire le Temple de Salomon, ne décrivent pas, en réalité, le Temple bâti au retour de l'Exil. Quant au projet de Temple essénien, le manuscrit qui le contient et auquel ses éditeurs ont donné, pour cela, le nom de *Rouleau du Temple*, il est parsemé de lacunes dont certaines ont été plus ou moins remplies, par ses éditeurs, en s'inspirant de livres bibliques (de l'Ancien Testament, bien évidemment). C'est ainsi que, dans des notes à sa traduction de ce document, André Caquot précise que tel passage est ou bien «restituable à partir d'*Exode*», ou bien «restitué d'après *Exode*», ou «*Nombres*», ou encore «*Ézéchiel*», etc.; il indique, même, en note à la colonne XLI[149], que «à partir de la ligne 5, le fragment n°43.366 du musée Rockefeller contribue à la restauration du texte». Or, Francis Schmidt précise, à ce sujet : «Le texte de *11QT* est lacunaire; à partir de XLI, 5, il a été complété à partir d'un fragment de *4Q365* (*olim* Rockefeller 43.366) que Yadin considérait comme étant un fragment du *Rouleau du Temple*. En réalité, ce fragment *4Q365* appartient à un groupe de manuscrits actuellement intitulé "Paraphrase du Pentateuque" [...]. Il s'agirait donc d'une source du *Rouleau du Temple* et non d'une copie de celui-ci»[150].

Ainsi, notre connaissance de ces Temples laisse bien à désirer — ce qui n'autorise personne, pour autant, à tenter de compenser nos ignorances en lâchant imprudemment la bride à une imagination plus ou moins audacieuse !

73. Le rempart occidental de Jérusalem, vu du Sud-Ouest, par dessus l'Oued Rababy; à droite, derrière le bouquet d'arbres, la Géhenne.

Néanmoins, le souvenir ou l'idéal du «Temple» de Jérusalem continue de s'imposer à l'esprit et au cœur de nombre de nos contemporains, qu'ils soient juifs, chrétiens, adeptes de sectes diverses ou même francs-maçons.

C'est ainsi que les lieux où se réunissent les francs-maçons portent le nom de «temples», et que «deux colonnes» sont dressées de part et d'autre de la porte d'entrée de chacun d'entre eux, comme au Temple de Jérusalem. Notons que ces dispositions concernent également le Grand-Orient, obédience maçonnique pourtant laïque, et que là, comme dans les autres obédiences, Hiram devient un personnage légendaire !

En effet, les francs-maçons se prétendent les héritiers spirituels des «maçons opératifs» — qui ont effectivement construit, notamment, le Temple de Jérusalem —, et aussi, pour certains des francs-maçons usant d'une interprétation particulièrement spiritualiste, symboliste, les héritiers de l'Ordre des Templiers. Mais ils ne se considèrent, quant à eux, que comme des «maçons spéculatifs», utilisant symboliquement, dans leurs «temples», les outils des compagnons tailleurs de pierres traditionnels. Et ils œuvrent à la construction d'un «temple» spirituel, d'une part universel, d'autre part personnel, intérieur à chacun.

Notes

149. A. Caquot, «*Rouleau du Temple*», dans *La Bible. Écrits intertestamentaires*, «Bibliothèque de la Pléiade», Paris, Gallimard, 1987, p.98, fin de la note à la colonne XLI.
150. F. Schmidt, *La Pensée du Temple. De Jérusalem à Qoumrân*, Paris, éditions du Seuil, 1994, pp. 306-307, note 42.

Cas divers de temples israélites
ou palestiniens

Les temples non israélites de Palestine

De nombreux sites palestiniens ont livré des vestiges de tels temples, qui ont été identifiés comme néolithiques, pré-cananéens et cananéens, hellénistiques et romains — certains de ces derniers ayant été construits grâce à la générosité d'Hérode le Grand.

Le plus ancien temple connu de Palestine est celui de la strate IX de Jéricho, qui est datée de la période néolithique. Il présente déjà un plan tripartite, que l'on a retrouvé dans des temples cananéens et dans plusieurs temples israélites préexiliques de Palestine, y compris dans le Temple de Jérusalem lui-même.

Les temples israélites bâtis hors de Jérusalem

En Palestine

1. Temples préexiliques. Nombreux sont de tels temples dont des vestiges plus ou moins importants ont été dégagés de Dan au nord à Béershéba au sud, en passant par Lakish et Arad. Ces temples présentent souvent d'intéressants points de ressemblance avec celui de Jérusalem, notamment leur plan tripartite.

2. Le temple samaritain du mont Garizim. Selon l'historien juif Flavius Josèphe, qui vécut au Ier siècle de notre ère, ce temple aurait été édifié au temps d'Alexandre le Grand (*Antiquités Judaïques*, XI, VIII, 2, § 310; 4. §§ 322-324; 7, § 346; XIII, III, 4, § 74; XIII, IX, 1, § 256), puis hellénisé et dédié à Zeus Hospitalier par Antiochus Épiphane, roi séleucide du IIe siècle avant notre ère, descendant du général macédonien Séleucus qui, lieutenant d'Alexandre le Grand, avait, à la mort de celui-ci, hérité de ses possessions asiatiques du

Proche-Orient (2 *Maccabées*, 6, 2; *Antiquités Judaïques*, XII, V, 5, §§ 661-663). Ce temple fut détruit en 128 avant notre ère par l'Asmonéen Jean Hyrcan, un descendant des Maccabées, grand prêtre du Temple de Jérusalem et gouverneur de la Judée (*Ant. Jud.*, XIII, IX, 1, §§ 254-256). Quelques vestiges de ce temple ont été dégagés.

En Égypte
1. Dans l'île d'Éléphantine, en face d'Assouan. D'après des papyri et ostraca araméens d'Éléphantine, une colonie militaire de Judéens aurait été installée dans cette île, proche de la frontière sud de l'Égypte, sous les pharaons de la dynastie saïte, à la fin du VIIᵉ ou au VIᵉ siècle avant notre ère; et elle aurait reçu le renfort de mercenaires juifs sous la domination perse de l'Égypte, conquise par Cambyse en 525 avant notre ère. Témoignant de laxisme religieux, ces colons édifièrent, dans la partie sud de l'île, un temple à «Yaho» (*cf. Isaïe*, XIX, 19), où le dieu judéen pourrait bien avoir été associé à d'autres divinités d'origine palestinienne ou syrienne. Vers 410 avant notre ère, ce temple fut saccagé par les gens du pays, probablement excités par les sacrifices qui y étaient offerts, dans une Éléphantine vouée par les Égyptiens au culte du dieu-bélier Khnoum. Peu de vestiges de ce temple ont été identifiés.
2. Dans le Delta, à Léontopolis. Fils du grand prêtre de Jérusalem Onias III, supplanté par des partisans de l'hellénisme puis assassiné en 170 avant notre ère à Daphné près d'Antioche, Onias IV, avec l'accord du pharaon Ptolémée VI Philométor et de son épouse Cléopâtre II, souverains de la dynastie des Lagides — les descendants du général macédonien Ptolémée, fils de Lagos, un autre lieutenant d'Alexandre le Grand, qui, à la mort de celui-ci avait hérité de l'Égypte —, Onias IV, donc, édifia à Léontopolis, au IIᵉ siècle avant notre ère, un temple substitut de celui de Jérusalem. Ce temple sera fermé, par ordre des Romains, comme le rapporte Flavius Josèphe (*Guerre des Juifs*, VII, X, 2-4, §§ 420-436; *Antiquités Judaïques*, XII, IX, 7, §§ 387-388; XIII, III, 1-3, §§ 62-73). Deux sites de la partie orientale du Delta du Nil sont concurremment identifiés avec Léontopolis : Tell el-Yahoudieh et Tell Moqdam.

Éléments bibliographiques

Nahman Avigad, *Discovering Jerusalem*, Nashville (Tennessee, USA), Thomas Nelson, 1983; Oxford, Basil Blackwell, 1984.

A.-G. Barrois, *Manuel d'Archéologie biblique*, Paris, A. et J. Picard, tome II, 1953.

Meïr Ben-Dov, *In the Shadow of the Temple. The Discovery of Ancient Jerusalem*, Jérusalem, Keter Publishing House, 1982.

Abraham Biran (sous la direction de), *Temples and Hight Places in Biblical Times*, Jérusalem, Hebrew Union College. Jewish Institute of Religion, 1981.

Th.-A. Busink, *Der Tempel von Jerusalem von Salomo bis Herodes*, Leyde, E.-J. Brill, 2 volumes, 1970 et 1980.

André Caquot, «Le *Rouleau du Temple* de Qoumrân», dans les *Études théologiques et religieuses*, tome LIII, fasc. 4, 1978, pp. 443-500.

Id., «*Rouleau du Temple*», dans *La Bible. Écrits intertestamentaires* (collectif sous la direction de André Dupont-Sommer et Marc Philonenko), «Bibliothèque de la Pléiade», Paris, Gallimard, 1987.

Kathleen-M. Kenyon, *Digging up Jerusalem*, Londres et Tonbridge, Ernest Benn Limited, 1974.

Ernest-Marie Laperrousaz, «L'étendue de Jérusalem à l'époque perse», dans *La Palestine à l'époque perse* (collectif sous la direction de E.-M. Laperrousaz et A. Lemaire), Paris, Le Cerf, 1994, en l'occurrence pp. 123-156.

Id. (collectif sous la direction de), *Qoumrân et les Manuscrits de la mer Morte. Un cinquantenaire*, Paris, Le Cerf, 1997.

Id., *Les Manuscrits de la mer Morte*, collection «Que sais-je ?» n° 953, Paris, P.U.F., 1ère édition 1961, 9e édition mise à jour 1999.

Jean-Claude Margueron, «Sanctuaires sémitiques», dans le *Supplément au Dictionnaire de la Bible*, tome XI, Paris, Letouzey et Ané, 1991.

Benjamin Mazar : *The Mountain of the Lord. Excavating in Jerusalem*, Garden City, New-York, Doubleday and Company, 1975.

Abraham Negev (collectif sous la direction de), *Dictionnaire archéologique de la Bible*, Paris, Fernand Hazan, 1970.

André Parrot, *Le Temple de Jérusalem*, «Cahiers d'Archéologie biblique» n°5, Neuchâtel, Delachaux et Niestlé, 2ᵉ édition 1962.

G. Roux (collectif sous la direction de), *Temples et Sanctuaires*, Travaux de la Maison de l'Orient n°7, Lyon-Paris, 1984.

Francis Schmidt, *La Pensée du Temple. De Jérusalem à Qoumrân*, «La librairie du vingtième siècle», Paris, Le Seuil, 1994.

Gabrielle Sed-Rajna (sous la direction de), *L'Art juif*, Paris, Citadelles et Mazenod, 1995.

L.-H. Vincent et A.-M. Stève, *Jérusalem de l'Ancien Testament*, Paris, Gabalda et Cⁱᵉ, IIᵉ et IIIᵉ Parties, 1956.

Yigaël Yadin (collectif sous la direction de), *Jerusalem Revealed. Archaeology in the Holy City 1968-1974*, Jérusalem, The Israel Exploration Society, 1975.

Id., *The Temple Scroll*, 3 volumes, Jérusalem, The Israel Exploration Society, The Institute of Archaeology, Hebrew University et The Shrine of the Book, Israel Museum, 1983.

Id., *The Temple Scroll. The Hidden Law of the Dead Sea Sect*, Londres, Weidenfeld and Nicolson, 1985.

Le Monde de la Bible, n° 113, septembre-octobre 1998, collectif intitulé : *Le Temple de Jérusalem*.

Table des matières

Achevé d'imprimer
sur les presses de
l'Imprimerie France Quercy
113, rue André Breton
46001 CAHORS
d'après montages et gravure
numériques
(Computer To Plate)
Dépôt légal : novembre 1999
Numéro d'impression : 92744

Éditions Paris-Méditerranée, 1999
12, rue du Renard, 75004 Paris
ISBN : 2-84272-075-X